"Una introducción original y divertida a la economía. Esta magnífica colección de historias del mundo divulga ideas complejas de manera simple y atractiva para lectores de todas las edades."
Enrico Spolaore, Profesor de Economía, Tufts University (EE.UU)

"Una aportación de alto valor a la literatura económica que todos los jóvenes deberían leer."
Glenn C. Loury, Profesor de Economía, Brown University (EE.UU)

"Un fantástico recorrido a través de un mosaico de geografía, cultura y economía... Una conversación profunda con gente de todo el mundo en sus propios idiomas... Una visión alegre de nuestra aldea universal."
Matthias Cinyabuguma, Senior Economist, Banco Mundial

"Una introducción amena a la economía para todos los públicos. Altamente recomendada."
Ivo Welch, Profesor de Finanzas, UCLA Anderson School of Management (EE.UU)

"Un recorrido conciso pero completo de los principales conceptos económicos. No me cabe duda que este libro será un activo importante en manos de profesores y estudiantes de economía."
Stephen Lowry, Director, United World College of Southern Africa (Suazilandia)

"Una magnífica introducción a los principios fundamentales de la economía a través de la narrativa del cuento."
Patrick Awuah, Fundador y Presidente, Ashesi University (Ghana)

"Un libro altamente original...que despierta el deseo de aprender más."
Anna Aizer, Profesora Asociada de Economía, Brown University (EE.UU)

Introducción a la Economía a través de Cuentos del Mundo

Elena Fernández Prados

Primera edición en inglés: enero de 2016
Primera edición en castellano: febrero de 2016

ISBN: 978-1523955442

A mi hija, María

Contenidos

NOTA DEL AUTOR

Habrá quienes piensen que esto es un libro para niños: llevan razón. ¡Este libro es para niños de nueve a noventa años! Es para cualquier persona que quiera descifrar los misterios de la economía con la claridad y la sencillez de quien lee un cuento de niños.

Desde los tranquilos parajes de una aldea de Ghana hasta las bulliciosas calles de un bazar iraní, esta colección de historias transportará al lector a través del mundo, conociendo nuevos personajes que hablan distintos idiomas y tienen culturas diferentes, pero que están unidos por la realidad de la economía en su vida cotidiana.

1. La Economía: La Niña de Cabo Verde y Su Abuela

Amalia Évora es una niña de ocho años que vive en Praia, la capital de Cabo Verde. Cabo Verde es un archipiélago de islas esparcidas por el océano Atlántico, a cientos de kilómetros de la costa del África Occidental.

Igual que muchas niñas de su edad, a Amalia le gusta ir al cine, leer libros de aventuras, y nadar en el mar, pero por encima de todo, a Amalia le encanta comer yogures. Amalia vive en una bonita casa de dos plantas con jardín y con vistas a la isla de Santa María. Vive con su hermano pequeño, sus padres y su abuela, Cesária. Amalia quiere mucho a su abuelita porque ésta le cuenta historias fascinantes del pasado y también le enseña a cantar *mornas*, unas canciones muy conmovedoras del folclore isleño.

Un día como otro cualquiera, Amalia regresa a casa de la escuela. Cuando abre la puerta del jardín se encuentra a su abuela sentada debajo del almendro. Tiene cara de estar muy triste. ¡Parece que está llorando! Amalia sale corriendo hacia ella y le pregunta que qué le pasa. "¿Te duele algo, Abuelita?"

La abuelita le enseña una fotografía muy antigua en blanco y negro que tiene entre sus manos arrugadas. "Mira, Amalia, ésta era yo hace muchos años, cuando tenía tu edad. Y ésta es mi hermana, Heloísa." Amalia se acerca para ver la fotografía con detenimiento, pero apenas logra reconocer a las personas que hay en ella. Lo único que ve son dos niñas muy delgadas, con unos ojos muy negros y profundos que casi se salen de sus rostros. Tienen cara de estar pasándolo mal. "Abuelita," pregunta Amalia, "¿por qué sales tan triste en esa foto? ¿Estabas de mal humor el día que la tomaron?"

La abuela coge la mano de su nieta y le pide que se siente junto a ella, bajo el almendro. "Sí, cariño," le dice, "estaba un poco triste la mañana que vino el fotógrafo. Cuando éramos niños la vida era muy dura en Cabo Verde. En aquel entonces, la economía de la isla estaba prácticamente cerrada al exterior, y se basaba principalmente en la agricultura y la pesca. Ambas actividades eran agotadoras pero generaban muy poquitos ingresos."

"Mis padres, tus bisabuelos, trabajaban en el campo y sufrían mucho para alimentar tantas bocas. Cultivaban cebollas, maíz y boniatos, pero ya sabes que el clima de nuestra isla es muy seco. A menudo pasábamos largos períodos de sequía. Entonces, se echaban a perder todas nuestras cosechas y pasábamos muchas penurias."

"Umm," interrumpe Amalia, "Me está entrando hambre nada más que de oírte." Así que sale corriendo hacia la cocina, agarra un yogur, y vuelve al jardín para seguir escuchando la historia que le está contando su abuela, mientras devora su comida favorita.

"La otra actividad económica de importancia en Cabo Verde, en aquellos días, era la pesca. Muchos de nuestros hombres, como mi primo Rafael, eran pescadores. Construían pequeñas canoas de madera, tejían redes de pesca, y se adentraban en altamar para atrapar atunes. Pero la pesca era un negocio muy peligroso. El océano puede ponerse muy bravo en días de tormenta, y desgraciadamente algunos de los hombres que salían de Praia en canoa nunca regresaban. Cuando esto ocurría, llorábamos mucho y cantábamos *mornas* para recordar a los que se fueron. Los que regresaban se daban por satisfechos: ¡habían arriesgado sus vidas por un par de atunes! Ese era el precio de una vida humana en aquel entonces," dice la abuela.

"¿Y la escuela, Abuelita? ¿Cómo era tu escuela? ¿Se parecía a la mía?" interrumpe Amalia.

"*Menina* (pequeña)," responde la abuela, "en aquel entonces no había escuelas en nuestra isla. Los niños ayudaban a sus padres en el campo o en la mar. Éramos analfabetos. No sabíamos leer ni escribir, y sólo sabíamos contar con los dedos de la mano."

"Antaño nuestro país era muy pobre," prosigue la abuela. "Muchos de mis primos emigraron a los Estados Unidos y a Portugal en busca de una vida mejor. Allí, trabajaban de jornaleros en el campo, como empleados de hogar, e ¡incluso como cazadores de ballenas! Cuando se iban de Cabo Verde, llorábamos mucho y cantábamos *mornas*, porque sabíamos que seguramente nunca los volveríamos a ver. En aquellos tiempos, viajar al extranjero en barco costaba una fortuna y el viaje duraba varias semanas."

"Como la economía de Cabo Verde estaba prácticamente cerrada al exterior," explica la abuela, "solamente teníamos acceso a lo poco que se producía en la isla. Sin embargo, una vez al año, un buque de Lisboa hacía escala en el puerto de Praia, y nuestra gente intercambiaba productos agrícolas por finas ropas y cubiertos de metal venidos de Europa que nos gustaban mucho. Aquellos artículos eran tan preciados que apenas los utilizábamos. Los guardábamos con mucho primor en el armario y sólo los usábamos en ocasiones muy especiales.

Con el tiempo, los avances tecnológicos hicieron que el coste de transportar mercancías de un país a otro se abaratara mucho. El buque de Lisboa empezó a hacer escala en Praia tres veces al año y aquellas ropas y cubiertos tan finos de Europa se volvieron mucho más asequibles. Poco a poco, el comercio en la isla se fue desarrollando, y empezamos a poder permitirnos muchas más cosas que nos facilitaron un poco la vida.

A medida que se abarató el coste del transporte, nuestros primos de Portugal y los Estados Unidos pudieron venir a vernos más a menudo. Cada vez que venían, traían ideas nuevas y dinero para ayudarnos a montar negocios en la isla. Mi primo Rafael, por ejemplo, trajo a casa de Lisboa 20.000 escudos, que en aquel entonces eran una fortuna. Con ese dinero mandó construir un gran barco de pesca para que sus hermanos pudieran atrapar más atunes, y estuvieran más seguros en altamar en aquellos días de tormenta en que las canoas volcaban con facilidad.

Poco a poco, la economía empezó a crecer y a diversificarse. Más personas encontraron trabajo fuera del sector agrícola y de la pesca, y ¡todos empezamos a llenarnos la barriga mucho mejor! En otra de sus visitas a la isla, el primo Rafael trajo una máquina que era capaz de perforar el suelo en profundidad y hacer un pozo. Esto nos sirvió para instalar un sistema de riego a goteo que mantenía nuestros cultivos regados durante todo el año. Ya no dependíamos exclusivamente del agua de lluvia. ¡Y todo gracias al milagro de la innovación tecnológica!

Poco a poco, el turismo empezó a desarrollarse en la isla. Abrieron muchos hoteles y restaurantes nuevos y se crearon muchos puestos de trabajo. Con el aumento de ingresos, empezaron a establecerse muchos bancos, empresas de telecomunicaciones y constructoras en nuestro país. A medida que crecía la economía, el gobierno de Cabo Verde fue capaz de recaudar más ingresos fiscales y usar estos fondos para construir escuelas y hospitales. El gobierno también construyó varias autopistas e incluso ¡un aeropuerto en Praia! A medida que mejoró la vida, muchos de nuestros primos que habían emigrado al extranjero volvieron a casa. ¡Qué alegría ver a nuestra gente volver a su patria!

Cabo Verde ha cambiado mucho desde entonces," explica la abuelita. "Nuestra calidad de vida ha mejorado mucho y ahora tenemos acceso a muchas más cosas. En aquel entonces, no teníamos coches para desplazarnos sino tan sólo burros. No había internet, ni piscinas, y desde luego, tampoco había yogures. Así que no debes de darlo todo por hecho, *menina*."

"Ahora que lo dices," interrumpe Amalia, "Me han entrado ganas de comerme otro yogur. Tus historias siempre me dan hambre, Abuelita."

Conceptos Clave:

- El término "economía" se refiere al conjunto de actividades mediante el cual un país emplea sus recursos productivos (como sus trabajadores, recursos naturales o capital) con el fin de producir bienes y servicios.

- El tamaño de una economía (su Producto Interior Bruto o PIB) se refiere al valor total de los bienes y servicios producidos por todos los trabajadores en un país durante un período determinado de tiempo.

- La riqueza de los ciudadanos de una nación se puede evaluar comparando el valor total de la producción económica del país con el tamaño de su población (PIB por habitante o renta per cápita). Los países con mayor renta per cápita gozan de niveles de ingresos más altos y suelen tener mejores condiciones de vida en general.

- El nivel de vida medio de un país suele mejorar a medida que los trabajadores y los métodos de producción se vuelven más productivos y son capaces de producir bienes y servicios de mayor valor económico.

- La renta per cápita (o PIB por persona) es un indicador útil para valorar el nivel de vida en un país, pero no es una medida perfecta de todas las actividades que crean valor en la sociedad. Por ejemplo, el PIB no refleja el valor de ciertos bienes intangibles como la amistad, las relaciones familiares, o las redes de apoyo social.

2. Los Ciclos Económicos: La Limpiadora de Hotel Jamaicana

Jamaica es una hermosa isla situada en el Mar Caribe. Su economía depende en gran medida del sector turístico. La mayoría de turistas que visitan Jamaica son familias estadounidenses que quieren disfrutar de sus playas paradisíacas y del sol.

Latoya Brown es una chica de veintiocho años de edad, originaria de Port Antonio, un pequeño pueblo costero en el este de Jamaica. Latoya vive en un apartamento céntrico, acompañada por su marido, Ray, y su hijo de doce años, Tyrone. Tanto Latoya como Ray trabajan en el sector turístico. Latoya es limpiadora en un resort de cinco estrellas muy concurrido por turistas americanos. En cuanto a Ray, se gana la vida haciendo barbacoas de pescado y marisco picante en la playa para turistas hambrientos y deseosos de degustar manjares locales.

Latoya lleva tres años trabajando en el mismo resort de playa y le gusta su rutina. Su jornada empieza a las siete de la mañana. Nada más llegar al hotel, se pone su uniforme y comienza a limpiar habitaciones. Siempre empieza cambiando las sábanas de las camas, asegurándose de que no queda ninguna arruga. Luego pone orden en la habitación, friega el suelo del cuarto de baño, y cambia las toallas de los huéspedes por otras impecables. A veces decora las habitaciones con hojas de flores rojas y fragantes. Otras veces, se aplica para crear formas de animales usando toallas de baño, que luego coloca cuidadosamente sobre la cama para gran deleite de los turistas. Esto puede consumir mucho tiempo, pero Latoya es consciente de que trabaja en un resort de lujo, donde a las camareras se les exige mucho más que limpiar y ordenar cuartos.

A Latoya le gusta su trabajo, aunque hay días en que le resulta un poco pesado y solitario. La dirección espera que las limpiadoras sean discretas, casi invisibles, y esto, a Latoya, se le hace muy aburrido. A lo largo de los años, para luchar contra este aburrimiento, Latoya ha inventado varios juegos que la ayudan a entretenerse mientras que desempeña sus labores. En cuanto entra por la puerta de una nueva habitación, a Latoya le gusta adivinar qué tipo de huésped se hospeda allí. ¿Será un hombre o una mujer? ¿Joven o viejo? ¿Cuál podría ser su profesión? ¿Y cuál será el motivo de su visita a Jamaica? ¿Un mal de amores? ¿Un ascenso en el trabajo? ¿O simplemente el deseo de explorar nuevos horizontes?

Latoya se pasea por la habitación husmeando como haría todo buen detective, en busca de alguna pista que pudiera ayudarla a descifrar el misterio. Y como todo el mundo sabe, las pistas se presentan en las formas más insospechadas. A veces se aparecen en el perfil de una barra de labios. Otras veces cobran forma de crema anti-arrugas. Y a veces simplemente se conforman con ser un par de zapatos negros y desgastados. Con los años, Latoya se ha vuelto tan experta en el juego de las adivinanzas, que le bastaría con poner el pie en el umbral de una habitación para describir al huésped con pelos y señales y con un alto grado de certeza.

Un día como otro cualquiera, Latoya se presenta en el trabajo a las siete en punto de la mañana. Pero antes de poder pasar al cambiador a ponerse su uniforme, el gerente la llama y le pide que acuda junto con sus compañeras a una gran sala de reuniones. Latoya presiente al instante que se avecinan malas noticias. No se equivoca.

El gerente del hotel se dirige a las empleadas y empieza a echar un discurso muy pomposo. Habla de algo referente a una crisis financiera en los Estados Unidos, un descenso en la llegada de turistas a Jamaica, y una pérdida en los resultados de explotación de... Dios sabe qué. Finalmente, cae la bomba: una gran parte del personal de limpieza será despedido, incluida la misma Latoya Brown.

Latoya vuelve a casa con lágrimas en los ojos y no tarda en darle la mala noticia a su marido. "¡Bendito sea!" exclama Ray, "qué mala suerte que te hayas quedado sin trabajo porque a mí también me van mal las cosas. En los últimos meses, he notado un bajón en el número de turistas que hay en la playa, y cada vez vendo menos pescado a la parrilla. Qué mala pata, cariño. Pero no te preocupes. ¿Por qué no tratas de conseguir un trabajo de limpieza en la casa de algún ricachón? Mientras tanto, yo intentaré hacer algún trabajillo por las noches tocando la guitarra en el *Marley Beach Bar*. Con eso nos apañaremos y saldremos adelante."

Tras escuchar los consejos de su marido, Latoya se siente un poco más aliviada. Pero no tarda en darse cuenta de que sin su sueldo mensual, tendrá que hacer algunos sacrificios. Antes de ser despedida, Latoya siempre ahorraba algún dinero a final de mes. Con eso, aprovechaba para ir a la peluquería, cambiar de *look* y hacerse la manicura. A partir de ahora, tendrá que renunciar a esos pequeños lujos, y arreglarse el pelo y las uñas en casa con el fin de ahorrar dinero.

Días más tarde, Tyrone, el hijo de doce años de Latoya, vuelve a casa del colegio con malas noticias. "Mamá," dice Tyrone, "ha habido una serie de cambios en mi escuela que no me gustan nada. El almuerzo ya no es gratis. Y ahora resulta que también tenemos que pagar por los libros, lápices y cuadernos."

"¿Y a qué se debe eso?" pregunta Latoya muy sorprendida.

"Pues la verdad es que no lo sé, Mamá," responde Tyrone. "Nuestro director nos metió un rollo sobre una crisis financiera en los Estados Unidos, una caída en la llegada de turistas a Jamaica, y una disminución de los ingresos fiscales del gobierno. Y por algún arte de magia, todo eso tiene que ver con el presupuesto de nuestra escuela, que al parecer está muy mal," explica el niño. Latoya no logra entender el porqué de todo esto, pero sabe que no son buenos augurios para su familia.

Al domingo siguiente, como de costumbre, Latoya, Ray y Tyrone van a una iglesia evangélica que queda cerca de casa. Al acabar la misa, Latoya conoce por casualidad a la señora Millington, una mujer estadounidense expatriada que vive en Jamaica desde hace años. La señora Millington es bien conocida en la isla: es la esposa de un gerente de hotel adinerado y vive en Montego Bay, una de las zonas residenciales más exclusivas del país. Latoya recuerda la sugerencia de Ray y le pregunta tímidamente a la señora Millington si por casualidad necesita ayuda en el servicio doméstico. Para su gran sorpresa, la señora le dice que sí, y que le gustaría contratar sus servicios tan pronto como sea posible.

A la mañana siguiente, Ray lleva a su mujer a Montego Bay. Van en moto, aquella moto que Ray logró comprar con el dinero ahorrado en los últimos años vendiendo pescado a la parrilla a turistas americanos. Al entrar en la zona residencial donde vive la señora Millington, Latoya suspira y le dice a su marido: "Mira qué mansiones, cariño. Ojalá algún día tú, yo y Tyrone podamos vivir en uno de esos palacetes."

Ray toma aire y responde, "¿y por qué no, cariño? Todo es posible en esta vida. Ambos nos criamos en casas de estaño a las afueras del pueblo, y ahora vivimos en un piso en pleno centro. ¿Quién dice que algún día no podamos permitirnos una de esas mansiones? Sólo tenemos que seguir pidiéndole a Dios que interceda por nosotros. Bueno, se acabaron los sueños por ahora. Ahí está la casa de la señora. Ve y haz tu trabajo lo mejor que puedas. Por la tarde me cuentas con pelos y señales cómo viven esos ricachones."

Latoya empieza a trabajar en la residencia de los Millington. Su primera tarea es servirle un té y unas galletas a la señora y a sus amigas que están de visita. Latoya se aplica y lo prepara todo primorosamente para causar una buena impresión. Hecho esto, se dirige discretamente hacia el salón donde están las invitadas. Mientras que sirve el té, Latoya escucha por encima la conversación.

"Madre mía," le está diciendo la señora Millington a sus amigas, "el frenazo económico en los Estados Unidos está teniendo un impacto muy nocivo en esta isla. El hotel que dirige mi esposo ha entrado en pérdidas y se ha visto obligado a despedir a un gran número de empleados. Pero lo que es todavía peor… a mi marido le han bajado mucho el sueldo y por culpa de esto, ya no podemos seguir permitiéndonos el lujo de alquilar esta casa en Montego Bay. Dentro de unas semanas nos mudaremos a una zona más asequible. Es una lástima porque nos encanta vivir aquí. Pero las cosas seguirán siendo difíciles en Jamaica hasta que la economía de Estados Unidos empiece a mejorar."

Esa misma tarde, Latoya vuelve a casa y le cuenta a Ray la conversación que escuchó en boca de la señora Millington. "Bendito sea," dice Ray, "así que resulta que hasta los ricos lo están pasando mal. Qué mala pata, cariño. Si los Millington ya no pueden permitirse vivir en Montego Bay, entonces ¿qué posibilidades tenemos la gente de a pie de vivir allí algún día? Lo que necesitamos es un milagro."

Conceptos Clave:

- Todas las economías atraviesan ciclos altos y bajos. Por lo general, los períodos de fuerte crecimiento económico van ligados a un aumento en los beneficios de las empresas, una subida general de los sueldos, así como un incremento en el número de oportunidades laborales. A mayor crecimiento económico, mayor también los ingresos que recaudan los gobiernos. Esto, a su vez, suele traducirse en mejoras de los servicios públicos y las prestaciones sociales. Por lo general, el nivel de vida de la mayoría de las personas mejora durante los períodos de fuerte crecimiento económico.

- En cambio, cuando las perspectivas económicas son débiles, el desempleo tiende a subir, y tanto los ingresos de las familias, como los beneficios empresariales y los ingresos que recauda el gobierno suelen disminuir.

- Los ciclos económicos son inevitables. Sin embargo, los gobiernos pueden adoptar políticas que ayuden a suavizar los efectos de estos ciclos y proporcionen mayor estabilidad para los hogares y empresas.

- Vivimos en un mundo globalizado donde las economías de los distintos países del mundo están interconectadas. Como resultado, la evolución económica de un país en particular puede tener consecuencias en las perspectivas económicas de otras naciones.

3. PRODUCTIVIDAD: EL AGRICULTOR DE PISTACHO AFGANO

Ahmed Ahsan es un agricultor de pistacho de cuarenta y cinco años de edad, oriundo de la provincia de Samangán en Afganistán. Ahmed vive con su esposa, Zaynab, su padre de ochenta años y sus nueve hijos en una pequeña casa de barro en la aldea de Aybak.

Aybak es un lugar muy pequeño, lejos de todo, colgado en las áridas montañas del norte de Afganistán, donde en verano hace un calor tórrido y en invierno un frío polar. Las principales actividades económicas de la aldea son el cultivo del pistacho, la ganadería y la extracción de mármol de una cantera cercana.

Ahmed es la única fuente de ingresos de su familia. Se despierta todos los días a las seis de la mañana y comienza a trabajar en el campo. Cultiva pistachos, un delicioso fruto que se utiliza para confeccionar dulces. El cultivo del pistacho es una tarea muy dura. Las semillas tardan varias semanas en germinar y una vez que se convierten en arbustos, han de pasar varios años para que éstos se hagan árboles y den fruto. Cada día, Ahmed arranca las malas hierbas de su huerto con mucho cuidado. Inspecciona arbusto por arbusto para asegurarse de que no hay ningún insecto cerca de las raíces ni de las delicadas hojas de las plantas. Luego va y viene al arroyo más cercano llevando a cuestas pesados cubos de agua que usa para regar las plantas de una en una. Ahmed repite la tarea del riego dos veces al día, ya que la mejor forma de regar los pistacheros es hacerlo poquito a poco, gotita a gotita, para evitar que los tórridos rayos del sol los dañen.

Por las tardes, Ahmed saca a pastar al rebaño de ovejas de su familia a través de los montes y los valles de Samangán. Como el terreno es árido y seco, Ahmed tiene que caminar largas distancias para encontrar zonas de pasto verde donde sus ovejas puedan alimentarse. Al caer la noche, vuelve a casa exhausto. A menudo se pregunta de qué sirve tanto trabajo para tan poca recompensa, ya que apenas gana lo suficiente para darle de comer a tantas bocas. Pero ¿qué alternativa tiene? ¿Quién más podría ganar el pan para sus nueve hijos? ¿Su anciano padre con la pierna coja? ¿Su esposa Zaynab? No, esos son pensamientos que no quiere ni imaginar.

Una vez al año, Ahmed cosecha los pistachos. Los mete en sacos y los carga a lomos de su burro. Luego camina varios kilómetros a la ciudad más cercana para vender su producto en el mercado de abastos. En promedio, Ahmed vende cada saco de pistachos por 700 afganis (el equivalente a 10 dólares americanos) y a lo largo del año, su huerto produce unos diez sacos. En total, Ahmed gana el equivalente de cien dólares al año del cultivo. Utiliza este dinero para comprar ropa de abrigo para su familia, carbón para hacer lumbre y alimentos básicos como pan, té y azúcar.

Un día, Ahmed recibe un paquete de su primo Sherif que vive en Kabul, la capital de Afganistán. Sherif se crió en Aybak, pero se trasladó a Kabul a los dieciocho años para ir a la universidad. Estudió ingeniería agrícola en la Universidad de Kabul y ahora trabaja para el Ministerio de Agricultura. En el paquete, Sherif ha metido varios lotes de semillas de pistacho de calidad superior provenientes de California. En California, explica el primo Sherif en su carta, están algunas de las mayores plantaciones comerciales de pistacho del mundo. A lo largo de los años, han invertido muchos recursos en la investigación del pistacho y han desarrollado una variedad de semillas que se adapta mejor a las condiciones de terreno árido. Esta nueva variedad produce mayores rendimientos, es más resistente a las plagas, y requiere mucho menos agua. Actualmente, el Ministerio de Agricultura de Afganistán está dando a conocer su uso entre los agricultores del país con el fin de aumentar la productividad de los cultivos locales.

Cuando ve las semillas de pistacho, Ahmed se echa a reír con incredulidad. No puede evitar preguntarse a sí mismo para qué diablos puede servir ningun invento americano en las áridas tierras de Afganistán. Las cosas siempre han sido iguales en la provincia de Samangán, desde el principio de los tiempos, desde que los viejos de la aldea tienen uso de razón. No, él no cree que puedan suceder milagros sobre la tierra. O por lo menos no en Samangán. Ahmed tiene una cosa bien clara: no plantará aquellas nuevas semillas.

Esa misma noche, cuando vuelve a casa de trabajar, Ahmed le cuenta a su esposa la historia de las semillas de California que le ha mandado su primo Sherif. Le explica también que tiene previsto deshacerse de ellas. Zaynab estalla en cólera y llama a su esposo *burro*. Burro por resistirse a ideas nuevas. Zaynab insiste en que las plante, puesto que no tienen nada que perder. Tras un breve intercambio verbal, Ahmed acepta a regañadientes lo que sugiere su esposa, ya que es un hombre de paz a quien no le gusta discutir.

Años más tarde, Ahmed se despierta de madrugada y avista un frondoso huerto de pistachos, ¡el más frondoso que ha visto en toda su vida! Se pone manos a la obra, los cosecha y los mete en sacos. No cabe en su pellejo de alegría. Ha logrado llenar veinte sacos, ¡el doble de lo habitual! Además, los arbustos han crecido más rápido que de costumbre, y ha tenido que lidiar con muchas menos plagas de insectos y menos viajes al arroyo.

Así que resulta que el primo Sherif llevaba razón: ¡las semillas californianas hacen milagros! Ahmed le da gracias a Dios y regresa del mercado de abastos con 14.000 afganis (el equivalente a 200 dólares americanos), el doble de dinero que solía ganar. Para celebrarlo, le compra un pañuelo de seda a su esposa, unos anteojos nuevos a su padre, y un balón de fútbol a sus hijos.

Los vecinos de Aybak pronto se percatan de que los pistacheros de Ahmed crecen mucho más rápido que los suyos. Así que se le acercan y le preguntan cuál es su secreto. Ahmed le cuenta a sus compadres la historia de las semillas californianas, y acto seguido, les regala unas cuantas, para que todo el pueblo pueda beneficiarse del nuevo descubrimiento.

Las nuevas semillas tardan poco en germinar, y los arbustos pronto se convierten en árboles frondosos y repletos de frutos. Durante los años siguientes, la producción de pistacho en el pueblo de Aybak aumenta considerablemente. Y como las nuevas plantas son más resistentes y no requieren tanto riego ni cuidado, los habitantes del pueblo empiezan a disponer de más tiempo libre para dedicarse a otras actividades productivas.

Algunos aldeanos deciden plantar patatas y trigo en su tiempo libre. Otros prefieren plantar uvas y granadas. Y otros se ponen a trabajar en la cantera de mármol para complementar sus ingresos. Con el tiempo, la aldea de Aybak se convierte en una de las más prósperas de la provincia de Samangán, conocida en todos los rincones del país por sus huertos de pistacho y su gente acogedora.

Conceptos Clave:

- El término "productividad" se refiere al nivel de eficiencia con el que se emplean los recursos (como la mano de obra, la maquinaria o la energía) en la producción de bienes y servicios.

- La productividad aumenta cuando se logra producir una mayor cantidad de bienes y servicios con el mismo nivel de recursos. Las mejoras en productividad ocurren gracias a avances tecnológicos así como a través de mejoras en las prácticas de gestión y administración.

- Cuando aumenta la productividad, aumenta el rendimiento de la producción así como los ingresos de los hogares. Ésto, a su vez, contribuye a mejorar el poder adquisitivo y la calidad de vida de la gente.

4. LA OFERTA Y LA DEMANDA: EL DUEÑO DE LA HACIENDA COLOMBIANA

Felipe Valencia, de treinta y cinco años de edad, es profesor de historia en la Universidad de Los Andes, en Bogotá, la capital de Colombia. Felipe pasa la mayor parte del día escribiendo artículos de investigación sobre la historia colonial de América Latina y su camino hacia la independencia. En su tiempo libre, le gusta leer las famosas novelas de Gabriel García Márquez, uno de los escritores más conocidos de su país.

Felipe se crió en la hacienda de su abuelo en el Valle del Cauca, una región de Colombia próxima al Océano Pacífico, donde la naturaleza es abundante, la tierra es fértil, y todos los hombres son románticos. Tal es el caso, por lo menos, de don Alcides Caicedo, abuelo materno de Felipe y propietario de la hacienda familiar.

La finca de doscientas hectáreas lleva siendo propiedad de la familia a lo largo de muchas generaciones. Don Alcides la heredó de su padre, don Florentino, quien a su vez la heredó de su bisabuelo, don Aureliano. Cada piedra de la hacienda esconde una historia del pasado. Y es allí, en ese mismo lugar, donde nacieron y se criaron todos y cada uno de los descendientes de los Caicedo durante los últimos cuatro siglos.

Un día, Felipe llega a su oficina y encuentra una carta sobre su escritorio. Reconoce al instante aquella caligrafía elegante y un tanto anticuada. Nada más abrir el sobre, el perfume embriagador de la hacienda envuelve el despacho.

"Mi adorado nieto," lee Felipe, "Ya no soy tan joven como antaño lo fuera. Ayer por la mañana, mientras descansaba en el porche escuchando el cantar de los pájaros mañaneros, un pensamiento me vino a la cabeza. Fue como si los vientos del Pacífico me susurraran algo al oído, una verdad triste e inevitable. De repente, caí en cuenta de que habían pasado nada más y nada menos que treinta años desde la última vez que monté a lomos de un caballo. Me duelen las rodillas cuando el clima se pone húmedo y frío. Me tiemblan las manos a mi pesar. Y lloro, querido nieto, lloro cuando menos me lo espero. Ya conoce usted los versos: 'Juventud divino tesoro.' ¡Cuánta razón tenía aquel poeta! Mi juventud se fue para no volver. A la edad de noventa y tres años, llegó el momento de que le encomiende a usted las llaves de nuestra hacienda. Le ruego que deje todo de lado: sus artículos de investigación, su trabajo académico, ¡sus novias en Bogotá! Cuando yo tenía su edad, también tuve todo eso y mucho más. Pero lo dejé todo para dedicar mi vida a atender una causa mayor: la de mantener el legado de nuestra familia con pundonor. Siempre suyo, Abuelito."

Felipe toma aire profundamente. Abuelito lleva razón. Es el deber de todo hombre que se precie honrar a sus antepasados y dedicarse a la noble misión de preservar el patrimonio familiar. Sí, está casi seguro de que García Márquez escribió algo relacionado con este tema en alguna de sus muchas novelas mágicas. ¿Y quién es él, después de todo, para ir en contra de las tradiciones? Esa misma tarde, Felipe escribe su carta de dimisión y se la entrega al decano de la universidad. Mete en su maleta unas pocas pertenencias y coge el primer vuelo al Valle del Cauca.

Cuando llega a la hacienda, don Alcides lo está esperando en el porche, ataviado con un gran sombrero de paja y vestido con unos pantalones y una camisa de lino a juego, de un color blanco inmaculado. Don Alcides le da la bienvenida a su nieto profusamente, con lágrimas en los ojos, dándole las gracias por haber aceptado hacerse cargo de la hacienda. "Hay una cosa más que le quiero pedir, Felipe", dice. "Es menester que encuentre usted una esposa, una buena mujer, como lo fue su abuelita. Alguien que le planche las camisas, le cocine empanadas y le asista en la administración de la finca. Ya conoce el dicho que existe en nuestra tierra: *detrás de cada próspera hacienda, hay una gran mujer*. Se lo pido encarecidamente, cásese. Es esencial para la supervivencia de nuestro linaje y de nuestro patrimonio. Desde que pasó a mejor vida su abuela, que en bendita gloria descanse, las cosas en la hacienda han ido de mal en peor. Los trabajadores nos roban lo poco que producimos, y nuestras plantaciones de caña de azúcar y piña han sido un verdadero desastre. Le insisto, mi nieto, debe usted encontrar una buena mujer." Felipe respira hondo. Abuelito lleva razón. Ya va siendo hora de asentar cabeza.

El domingo siguiente, Felipe le pide prestado a don Alcides su sombrero de paja. Se viste con unos pantalones de lino blancos y una camisa a juego, y se acerca a la Misión Jesuita de Santa Clara, la cual fue fundada hace varios siglos por los conquistadores españoles. El Padre Antonio lo recibe con un cálido saludo. "¿Qué le trae por estas tierras, hijo mío?" pregunta.

"Vengo buscando una esposa, Padre," confiesa Felipe tímidamente. "Abuelito sugirió que la casa del Señor es el lugar más apropiado para encontrar a una."

"Regrese mañana a esta misma hora," le dice el Padre Antonio. "Hay alguien que quiero que conozca."

Al día siguiente, Felipe hace lo acordado. El Padre Antonio lo está esperando a las puertas del templo. Con un gesto educado de la mano, hace la tan ansiada presentación. "Esta es Mercedes", dice.

En cuanto posa su mirada sobre ella, Felipe entiende que ha encontrado el amor. Mercedes tiene los ojos de un color marrón profundo y una melena de cabellos largos y oscuros que se desliza graciosamente sobre su cintura. Su tez es de un bellísimo color dorado, revelando tal vez que corre por sus venas algunas gotas de sangre indígena. "Hermosa", piensa Felipe. De repente siente la necesidad de decir algo galán, y murmura los versos de algún antiguo poeta. Mercedes sonríe tímidamente, y durante un instante, cubre su rostro presumidamente con un pañuelo de seda. "Le gusto," concluye Felipe.

Una vez que se despide de Mercedes, Felipe habla con el Padre Antonio en privado. "Es una de las mejores mujeres con las que podría contraer matrimonio," le asegura el Padre Antonio. "Es la única hembra en una familia de doce hermanos. Lo más probable es que engendre muchos varones que le ayuden en el campo." Felipe parece estar satisfecho.

"Y ¿qué me dice de la comida, Padre?" pregunta Felipe. "¿Cree usted que sepa hacer buenas empanadas?"

"¿Buenas?" dice el Padre. "¡Las mejores empanadas de todo el Valle del Cauca! Tuve el placer de degustarlas una vez, cuando asistí al convite de compromiso de su hermano mayor."

"Y ¿qué hay de planchar?" prosigue Felipe tímidamente. "¿Cree usted que se le de bien la plancha?"

"¡No sea necio, hijo mío!" interrumpe el Padre. "Basta con que mire sus manos: son las manos de una mujer laboriosa."

Meses más tarde, Felipe contrae matrimonio con Mercedes en una gran fiesta que se celebra en la hacienda familiar. Se escuchan *bambucos* (canciones folclóricas colombianas) y el baile dura hasta los primeros albores del día. Felipe no tarda en darse cuenta de que el Padre Antonio llevaba razón: Mercedes cocina las mejores empanadas de todo el Valle del Cauca. También se le da bien la plancha, pero lo mejor de todo, así como había esperado don Alcides, Mercedes es una magnífica administradora de hacienda. Lleva las cuentas de todos los gastos, se asegura de que los trabajadores no roben, y es capaz de explicar por qué el precio de tal o cual cultivo ha cambiado de un año a otro. De vez en cuando, Mercedes le pide a Felipe que se siente a su lado en el porche. Entonces, le presenta el balance de las explotaciones agrícolas:

Caña de azúcar: Este año obtuvimos muy pocos beneficios de nuestra plantación de caña de azúcar. A pesar de que nuestra cosecha fue igual de copiosa que la del año pasado, el precio por tonelada ha sido mucho menor. Esto se debe a que Brasil, el mayor productor mundial de caña de azúcar, tuvo una cosecha muy abundante. A medida que aumentó la oferta mundial de caña de azúcar, el precio global disminuyó, afectando así a los productores de Colombia y otros muchos países.

Piñas: Nuestra plantación de piña está en pérdidas este año. El precio de mercado de la piña ha bajado tanto que no alcanza ni para cubrir el costo de la recolección y el transporte al mercado. Los precios se han colapsado como consecuencia de un fuerte aumento en la oferta global de piñas procedentes de lugares como Filipinas y Tailandia. Cuando aumenta la oferta de un producto, los precios caen.

Mangos: La buena noticia es que nuestra plantación de mangos fue muy rentable este año. Como ya sabes, hace poco abrió una nueva fábrica productora de zumo en nuestra región. La fábrica ha empezado a comprar mangos en grandes cantidades de proveedores locales. Como la demanda de mangos se ha incrementado tan rápidamente, el precio de los mangos se ha disparado. Pero no hay que confiarse: el precio del mango no seguirá así de alto toda la vida. Los agricultores responderán al incremento de precios aumentando el tamaño de sus plantaciones. A medida que haya más mangos en el mercado y que la oferta se equilibre con la demanda, es probable que los precios vuelvan a bajar a niveles más sostenibles.

"Todo es cuestión de oferta y de demanda, querido," concluye Mercedes.

"Abuelito llevaba razón," constata Felipe alegremente. "Estoy dichoso de haberme casado contigo. Pero ahora dejémonos de negocios. Vayamos a dar un paseo a caballo por los montes y los valles de nuestra hacienda."

Conceptos Clave:

- El precio de mercado de un producto está determinado por la interacción entre compradores (la demanda) y vendedores (la oferta). La demanda es la cantidad de un producto que los consumidores están dispuestos a comprar a un precio determinado. La oferta se refiere a la cantidad de bienes o servicios que los productores están dispuestos a ofrecer al mercado a un precio determinado.

- Por lo general, el precio de un producto se encarece cuando se produce un fuerte aumento de la demanda. El precio de un bien también puede aumentar cuando ocurre una situación de escasez (o suministro insuficiente) de este producto.

- Por otro lado, el precio de un producto tiende a abaratarse cuando la demanda de este producto disminuye o cuando se produce un exceso de oferta.

- El precio de los productos fluctúa a lo largo del tiempo para equilibrar los niveles de oferta y de demanda en el mercado. Por ejemplo, cuando se produce un gran aumento en la demanda de un producto, el precio tiende a subir para incentivar a los proveedores a que produzcan cantidades mayores que sacien el incremento de demanda de los consumidores.

- Por otro lado, cuando se produce un exceso de oferta de un bien, los precios tienden a bajar. Esta bajada de precios presiona a los proveedores a recortar sus niveles de producción, al mismo tiempo que anima a los consumidores a comprar cantidades mayores.

5. EL MECANISMO DE AJUSTE DE LOS PRECIOS: EL EMPRESARIO PAKISTANÍ

Suleiman Habib, de cuarenta y ocho años de edad, es uno de los empresarios más destacados de Pakistán. Suleiman es presidente y consejero delegado de Habib Holdings, uno de los grupos corporativos más grandes del país. Durante generaciones de propiedad familiar, Habib Holdings ha ido acumulando vastas cantidades de riqueza, obteniendo el control de algunos de los negocios de mayor renombre nacional. De hecho, Habib Holdings es propietario de la famosa *Pakistani Sandal Company*, de la cadena de establecimientos de comida rápida *Indus Kebab Express*, de la fábrica textil *Textile Assembly Co.*, además de ser socio mayoritario en una de las mayores cajas de ahorros e imprentas de periódicos del país.

Suleiman vive en Karachi, la ciudad más grande de Pakistán, en un palacete de doce dormitorios que comparte con sus padres, su esposa Amina, y su amplio séquito de empleados domésticos, jardineros y guardias de seguridad. Suleiman se considera un hombre afortunado. Tiene todo aquello con lo que sueñan los hombres de dinero de su círculo social: un *Porsche Cayenne* de última gama, un jet privado que utiliza para ir de compras a Dubai, y lo mejor de todo, una esposa joven y hermosa.

En su tiempo libre, Suleiman disfruta jugando al polo con sus amigos. Aunque ya hace varias semanas que un problema de negocios le impide deleitarse en esta afición. Así es, porque no hay nada que perturbe más la tranquilidad de Suleiman que los temas de negocios. Se le da bien lidiar con sus obligaciones domésticas, por desagradables que sean, como ocuparse de que le rellenen el depósito de agua de casa cuando éste se vacía, o poner paz entre sus jardineros cuando se pelean por pequeñeces. Incluso es capaz de lidiar airosamente con los enfados de su mujer, Amina, los días que llega tarde a casa y ésta se molesta mucho con él. Pero cuando se trata de temas de negocios, la cosa es diferente. Se aferran a la mente de Suleiman y no lo dejan descansar hasta que logra resolverlos.

El problema de Suleiman tiene que ver con el suministro de electricidad de Pakistán, o mejor dicho, la falta de suministro. Al igual que en muchos otros países en vías de desarrollo, el suministro de electricidad en Pakistán es muy poco fiable, y los apagones son una característica común de la vida cotidiana. Pero durante los últimos meses, la situación ha empeorado, y se han vuelto mucho más frecuentes y prolongados que de costumbre. Esto está perjudicando gravemente los resultados de explotación de Habib Holdings.

La mayoría de las empresas de Suleiman necesitan electricidad para funcionar. Sin electricidad, no funcionan las maquinarias industriales que fabrican sandalias y tejidos. Tampoco funcionan los frigoríficos ni los sistemas de aire acondicionado de sus establecimientos de comida rápida, ni tampoco su imprenta de periódicos.

Hace tiempo, Suleiman compró un generador eléctrico diésel para respaldar sus negocios cuando falla la electricidad. Los generadores diésel funcionan bien, pero consumen mucho y cuestan una fortuna de mantener. Absorben y absorben gasolina, y para cuando uno quiere darse cuenta, los costos se han disparado por los cielos. Esto es exactamente lo que está sucediendo ahora mismo en el grupo Habib Holdings. Hace poco Suleiman recibió las últimas cuentas de explotación, y los beneficios del grupo se han colapsado debido al fuerte aumento de los costes de energía.

Un día, Suleiman recibe una invitación de boda de su amigo de infancia, Daud Omrani. Daud y Suleiman estudiaron juntos en el renombrado colegio *Karachi Grammar School*, pero desde que se graduaron, sus vidas han tomado caminos muy diferentes. Mientras que Suleiman tomó las riendas del negocio familiar, Daud siguió los pasos de su tío, metiéndose en política. Ahora, Daud, es ministro de Energía.

"Vístete de gala con tu mejor sari (vestimenta tradicional paquistaní), Amina," le sugiere Suleiman. "Vamos a la boda de mi amigo Daud. Allí estará toda la alta sociedad." Cuando llegan al lugar donde se celebra la fiesta, Suleiman no puede evitar sentir un tanto de envidia. Nunca en su vida había asistido a una ceremonia de boda tan ostentosa. Los jardines están adornados con millares de guirnaldas de flores frescas. Hay farolillos de luces de todos los colores, y cojines orientales de telas doradas, plateadas y de un rojo intenso, todos primorosamente ordenados alrededor de las meses de los comensales. Por doquier se pasean camareros sirviendo dulces de miel y unos deliciosos *lassis* de mango (bebida tradicional a base de yogur).

Suleiman se acerca a su amigo Daud y lo saluda calurosamente. "¡Cuánto tiempo, amigo mío!" exclama Daud. "Llevas meses sin venir a jugar al polo. ¿Qué te trae tan ocupado?" Suleiman le explica a su amigo los problemas de negocio que está atravesando, y cómo los apagones de electricidad están arruinando sus empresas.

Suleiman se da cuenta de que tal vez no sea el momento más adecuado para sacar el tema. Pero al fin y al cabo, Daud es el ministro de Energía del país, y quizás pueda darle alguna explicación sobre lo que está pasando.

"Amigo mío," dice Daud. "Como ministro de Energía, me enfrento a un gran dilema. Ya sabes que Pakistán es un país muy poblado, con más de 180 millones de habitantes. No todo el mundo en nuestro país tiene tanto dinero como nosotros, y por lo tanto, no todo el mundo puede permitirse pagar el precio de mercado de la electricidad. Una de las políticas de nuestro gobierno ha sido la de imponer un tope máximo al precio que la empresa estatal de electricidad puede cobrarle a nuestros ciudadanos. De esta manera, hasta los más pobres podrán darse el lujo de tener un frigorífico, cargar sus teléfonos móviles, o simplemente de alumbrar sus casas. Pero el gran dilema es el siguiente: como bien sabes, sufrimos apagones constantes porque la cantidad de electricidad que se genera en nuestro país no es suficiente. Los políticos nos reunimos a menudo con la empresa estatal de electricidad y les rogamos que produzcan más energía para evitar tantos apagones. Pero la empresa estatal siempre se niega y nos da la misma excusa: el precio máximo que le hemos impuesto es tan bajo que no generan suficientes beneficios para poder financiar la instalación de nuevas plantas generadoras. ¡Por eso persisten los apagones!"

"Ya veo," dice Suleiman. "¿Y por qué no elimina el gobierno el precio máximo de la electricidad, y deja que aumente a nivel de mercado? Esto incentivaría a los proveedores a invertir en nuevas plantas generadoras y también ayudaría a negocios como los míos. Verás, amigo, llevo tiempo queriendo ampliar mi fábrica de sandalias, pero dado como está la situación actual de energía en nuestro país, no me lo puedo permitir," explica Suleiman.

"No has cambiado nada desde que íbamos al colegio juntos, Suleiman," dice Daud riéndose. "Si hacemos lo que propones, millones de personas se quedarían sin acceso alguno a electricidad porque no podrían permitírsela. Hay muchos factores que tener en cuenta. La política no es para los débiles de corazón. Pero, por favor, amigo, toma. Prueba uno de estos dulces. Acomódate en algún lugar y disfruta de la ceremonia. El baile está a punto de empezar."

Conceptos Clave:

- En un mercado donde se permite la libre interacción entre compradores y vendedores, el precio de los productos se ajusta a largo plazo al precio de equilibrio, donde el nivel de demanda se equipara con el nivel de oferta.

- Cuando existen trabas en el mercado que impiden que los precios se ajusten libremente, suelen ocurrir ciertas distorsiones como pueden ser el exceso de oferta o la escasez de algunos productos.

- Por ejemplo, cuando el gobierno establece el precio máximo de un producto por debajo del precio de equilibrio, esto crea una situación de escasez debido a que el bajo precio desincentiva la producción. Al mismo tiempo, el hecho de que el precio esté por debajo de lo normal, incita a que los compradores consuman más de lo habitual, exacerbando la escasez ya existente.

- Existen ciertas situaciones en las que las medidas de control de precios pueden producir resultados más óptimos para el conjunto de la sociedad. Por ejemplo, cuando un mercado no es lo suficientemente competitivo, se puede dar el caso de que unos cuantos proveedores establezcan el precio de determinados productos por encima de lo normal (precio de equilibrio). En estos casos, la intervención del gobierno puede contribuir a bajar los precios a niveles normales y garantizar un nivel de suministro adecuado.

6. Respuesta a Las Variaciones de Precios: La Contable Japonesa Jubilada

Mizue Kasuga es una contable jubilada de sesenta y cinco años de edad que vive en Tokio, la capital de Japón. Mizue reside en un pequeño apartamento situado en el vigésimo piso de un rascacielos en pleno centro de la ciudad. Tiene un nieto, Akihiro, que a menudo pasa los fines de semana con ella.

Este fin de semana, Akihiro cumple diez años y ha venido a celebrar su cumpleaños en casa de su abuela. La abuela Mizue le ha preparado una deliciosa tarta de chocolate y fresas. Cuando Akihiro está a punto de soplar las velas, Mizue lo interrumpe para pedir un deseo: "Akihiro, mi nieto, en tu aniversario te deseo una larga y próspera vida. Espero que de mayor te conviertas en un magnífico cocinero y en un gran contable tal como lo fue tu abuela."

Akihiro se ríe y responde: "Abuelita, en el colegio, por desgracia, no nos enseñan ni contabilidad ni cocina. Así que tus deseos no se cumplirán...¡a no ser que me enseñes tú!"

"Eso mismo haré," responde la abuela.

Al día siguiente, Mizue despierta a Akihiro a primeras horas de la mañana. "Lávate la cara y vístete, Akihiro. Nos vamos al mercado," ordena. "Hoy voy a enseñarte a enrollar sushi y al mismo tiempo, aprenderás los principios básicos de la planificación financiera."

"Pero es demasiado temprano, Abuelita...Quiero seguir durmiendo," replica Akihiro.

"Obedéceme sin rechistar," manda la abuela.

De camino al mercado, la abuela empieza a darle lecciones a Akihiro. "Para convertirte en un buen contable, es preciso que empieces a aplicar ciertas normas en tu vida cotidiana. Es muy importante que aprendas a planificar, que prestes mucha atención a los detalles, y que nunca, bajo ningún concepto, hagas ninguna trampa ni trapicheo. Los buenos contables tienen que ser gente honrada, equilibrada, meticulosa y de confianza."

"Al principio de cada semana," prosigue la abuela, "debes preparar un presupuesto de tus gastos. A continuación, has de atenerte al presupuesto religiosamente, anotando todas tus compras para asegurarte de que bajo ningún concepto gastas más de lo previsto. Yo misma sigo esto a pies juntillas. El primer día de cada mes, cuando recibo mi pensión, planifico cómo voy a gastarme el dinero por adelantado. Pongo a un lado una cierta cantidad de dinero para pagar el alquiler de mi piso, otra para hacer compras en el supermercado, y otra para pagar las facturas de teléfono e internet. Y por supuesto, siempre ahorro algún dinero en caso de que surgiera algún imprevisto. Hay que ser prudente y ahorrar para los tiempos de "vacas flacas". ¡Que me parta un rayo si alguna vez tuviera que pedirle a alguien un solo yen prestado! Saber vivir dentro de nuestras posibilidades es esencial."

"Lo más complicado de todo esto está en aprender a ejercer el auto-control," continúa la abuela, que acaba de percatarse de que Akihiro se ha quedado embobado mirando un puesto de venta de zumos naturales. "Supongamos que de pronto te entra mucha sed y te apetece beberte un zumo. Por mucho que te cueste, tendrás que renunciar a él, puesto que no forma parte de tu presupuesto. A final de mes, las cuentas tienen que cuadrarte. ¿No querrás que tus gastos sean mayores que tus ingresos sólo por un dichoso zumito de aloe-vera, verdad?" pregunta Mizue. "Los buenos contables tienen que ser gente leal, predecible y exacta."

Akihiro escucha lo que dice su abuela con atención y asiente con la cabeza. El discurso tiene sentido, pero no le gusta la parte en la que tiene que renunciar a beber zumo de aloe-vera. ¿Realmente es necesario que un niño de su edad se sacrifique tanto para llegar a ser contable de mayor? ¿Estaría haciendo trampa si se saltara tan sólo esa pequeña parte de la lección? Y si así lo hiciera, ¿acaso se enteraría su abuelita?

Cuando llegan al mercado, la abuela se acerca a un puesto de pescado y le pregunta al vendedor lo que cuesta el salmón. "¿1.200 yenes (equivalente a 10 dólares americanos)?" repite la abuela. "¡Qué caro! Por favor, sírvame mejor un poco de atún. Es más barato que el salmón, y el sushi me saldrá igual de bueno," dice la mujer.

La abuela le explica a Akihiro que el precio del pescado varía cada día según la pesca haya sido más o menos abundante. Cuando los pescadores logran atrapar mucho salmón, el precio se abarata. Sin embargo, cuando la pesca es escasa, los precios se encarecen. Cuando esto sucede, la abuela siempre compra alternativas de pescado más barato, como el atún. "Nosotros, los consumidores, respondemos a la variación de los precios alterando nuestro nivel de demanda," dice. "Los precios nos ayudan a tomar decisiones y atenernos al presupuesto de nuestro bolsillo," concluye.

Una vez acabada la compra, Akihiro y su abuela vuelven a casa y empiezan a preparar los rollos de sushi. La abuela se aplica para enseñarle a Akihiro cómo cortar el pescado, trocear el aguacate, preparar el arroz glutinoso, y enrollarlo todo con mucho primor. Una vez que la comida está lista, Akihiro y su abuela se sientan a degustar la comida, que digieren con una taza de té verde muy caliente.

Tras la comida, Akihiro enciende la televisión para ver unos dibujos animados. La abuela se sienta junto a él en el sofá y se pone a hacer punto. Mizue está tricotando con cinco bobinas de lana diferentes al mismo tiempo. Tricota con gestos rápidos y enérgicos. "Eres un genio del punto, Abuelita," le dice su nieto. "Es increíble lo mañosa que eres... Pero por cierto, ¿qué estás tejiendo?"

La abuela le explica a su nieto que las personas mayores a veces se aburren o se estresan. Y cuando esto ocurre, buscan pasatiempos como hacer punto, que ayudan a relajarse y olvidarse de los problemas. Luego, añade que está tejiendo ropita de bebé. "¿Ropa de bebé?" pregunta Akihiro muy extrañado. "¿Para qué? En nuestra familia no hay ningún bebé y a mí me vendría demasiado pequeña," constata. "¿Para quién es?"

La abuela explica que suministra la ropa de bebé a una tienda del vecindario, y que luego la tienda la vende al público. "¿Y cuánto te pagan por cada trajecito, si se puede saber, Abuela?" pregunta Akihiro. "¿Y cuántos trajes elaboras por semana?"

"Es una historia curiosa," dice la abuela. "Al principio, cuando firmé el acuerdo con la tienda, se comprometieron a pagarme 600 yenes (equivalente a 5 dólares) por cada conjunto. Entonces, producía unos diez a la semana. Pero resulta que un día, cuando estaba de paseo por el barrio, me di cuenta de que el propietario de la tienda era, nada más y nada menos, que el señor Kaga, ¡uno de mis amigos de infancia de Kyoto! Me invitó a tomar té, y nos pasamos horas recordando el pasado. Antes de irme, me dijo que mis trajes de punto eran unos de los más finos y elegantes que había visto en su vida y que, sólo por eso, empezaría a pagarme 1.000 yenes por unidad (equivalente a 8 dólares). ¡Siempre fue un galán tan amable, el señor Kaga!" dice la abuela sin poder esconder un suspiro. "A raíz de esto, empecé a tricotar mucho más rápido y con más ganas. Este cambio de actitud se debe, en parte, a que ahora me pagan más por traje, pero también al hecho de que le estoy altamente agradecida al señor Kaga. Así que ahora, elaboro unos veinte trajecitos por semana," concluye la abuela.

Akihiro se ríe. "Ahí va otro ejemplo de cómo la variación en el nivel de los precios nos ayudan a tomar decisiones," añade el niño. "Reaccionaste a la subida de precio de la ropa de bebé igual que hiciste esta mañana con el precio del atún y del salmón."

"Efectivamente," dice la abuela satisfecha. "Estoy muy contenta de ver que estás aprendiendo muy rápido, Akihiro. En tan sólo un día, has aprendido contabilidad y sushi. Mañana, empezaremos con el punto."

Conceptos Clave:

- Los consumidores responden a los cambios de precio de un producto adaptando sus niveles de demanda. En general, cuando el precio de un producto se abarata, la gente quiere comprar cantidades mayores (aumenta la demanda). Por otro lado, cuando el precio de un producto se encarece, los consumidores tienden a comprar cantidades menores.

- Los productores también responden a la variación de precios adaptando sus niveles de suministro. Cuando el precio de un producto se encarece, esto incita a los productores a incrementar la oferta y suministrar cantidades mayores al mercado.

- Los precios proporcionan una información muy útil a los consumidores, ya que les ayuda a tomar decisiones en función de sus necesidades y de su poder adquisitivo. Los precios también ayudan a los proveedores a decidir qué bienes producir y en qué cantidad.

7. EL PODER ADQUISITIVO: EL AGRICULTOR DE CACAO GHANÉS

Kwesi Appiah es un agricultor de cuarenta y dos años de edad, originario de Berekuso, un pequeño pueblo en la región oriental de Ghana. Kwesi vive en una espaciosa casa de adobe situada en la calle mayor de Berekuso, junto a la carretera. Comparte su vivienda con su mujer, Ama, sus tres hijos, y su cuñado. La familia de Kwesi lleva generaciones viviendo en Berekuso, tantas como se recuerdan en el pueblo. En la aldea viven a gusto, en compañía de sus seres queridos, y en perfecta armonía con la naturaleza.

Berekuso está situado en las exuberantes montañas de Akwapim. La localidad goza de un clima tropical durante todo el año, con abundantes lluvias que suministran agua para el campo y para las necesidades básicas del hogar. El pueblo se encuentra en un paraje grandiosamente tranquilo con unas vistas espectaculares a la selva.

"Nuestra tierra es nuestro mayor tesoro," el abuelo de Kwesi le enseñó a éste cuando todavía era niño. "La madre naturaleza lleva en su vientre las semillas de las frutas más deliciosas que el hombre conoce. Todo lo que se planta aquí prospera: los plátanos, los mangos, las papayas, las piñas, el cacao, y hasta las berenjenas. El hombre tiene la llave que abre el tesoro de la naturaleza. Si el hombre tiene hambre, basta con que estire el brazo para sacar de la tierra un suculento *ñame* (tubérculo utilizado en la alimentación). Si el hombre tiene sed, basta con arrancar un coco maduro, hacerle una pequeña apertura, y degustar su deliciosa leche. En lo que a la comida se refiere," concluyó el abuelo, "abunda en nuestra tierra. Nunca habremos de pasar hambre."

Kwesi piensa que su abuelo era uno de los hombres más sabios que conoció en su vida. Al fin y al cabo, era un anciano de la aldea, y la edad forzosamente tenía que contar para algo. Con los años, Kwesi se ha dado cuenta de que las palabras de su abuelo no eran en vano. El anciano llevaba razón: a Kwesi y a su familia nunca les ha faltado para comer.

Kwesi es dueño de una pequeña explotación de cacao que comparte con su cuñado. Dos veces al año, los dos hombres cosechan las bayas de cacao, las venden en el mercado de abastos, y se dividen las ganancias. En su tiempo libre, Kwesi también cultiva plátanos, maíz, yuca, tomates y espinacas. "Sembrar diferentes cultivos te garantizará que siempre tendrás algo que vender o que llevarte a la boca," aprendió Kwesi de su abuelo cuando era pequeño.

Ama, la mujer de Kwesi, lleva una pequeña tienda de ultramarinos en la calle principal de Berekuso. Vende productos alimenticios tales como sardinas en lata, carne en conserva, té *Lipton* y cubitos *Maggie*. También vende artículos de higiene personal, como pasta de dientes, manteca de *karité*, y desodorantes en *spray*. Juntos, Kwesi y Ama ganan unos 400 *cedis* al mes (el equivalente a 100 dólares americanos). Esta cantidad de dinero es más que suficiente para pagar las tasas escolares y los uniformes de sus hijos, comprarse ropa nueva para ocasiones especiales, y mandarle una ayuda cada mes al padre de Ama, que vive lejos y está demasiado mayor para trabajar en el campo.

Un día, Kwesi recibe por sorpresa la visita de Francis Mensah, su primo lejano que emigró hace años a Inglaterra. Francis llega de forma inesperada y se baja del ruidoso *trotro* (minibús) en la carretera principal de Berekuso. Lleva a cuestas una enorme maleta.

"¡*Akwaaba* (bienvenido)!" dice Kwesi en voz alta en cuanto avista a su pariente. "Bienvenido a casa." Kwesi inspecciona a su primo con mucha curiosidad. Lo mira de arriba a abajo varias veces, y luego dice: "Francis, hermano, cada vez te pareces más a un "hombre blanco", ¡con esos pantalones cortos que te hacen pinta de escolar!"

"Ay, hermano," explica Francis, "desde que me mudé a Londres, mi cuerpo se ha acostumbrado tanto al frío que ya no puedo soportar el calor de África." Al escuchar esto, Kwesi se parte de risa. Sujeta el equipaje de su primo y empieza a caminar hacia su casa, donde da por hecho que Francis se hospedará.

Los dos primos toman asiento en el patio, bajo la sombra de un árbol de mango. Tras intercambiar unas cuantas palabras, Kwesi señala la maleta de Francis. "¿Qué regalos nos traes de Inglaterra, hermano? ¿Algunas ollas o sartenes? ¿Zapatillas de deporte para mis hijos? ¿Toallas de esas tan suaves y esponjosas para el baño? Por favor, abre de una vez tu equipaje para que veamos lo que nos traes."

Al oír esto, Ama, la mujer de Kwesi, siente la necesidad de intervenir. "Por Dios, Kwesi," le dice, "no es de buena educación instar a un huésped de esa manera. Debe de estar cansado del viaje. No le metas prisa. Deja que nos de los regalos cuando él quiera."

"¿Y por qué no?" pregunta Kwesi, "él es rico y nosotros pobres. Además, somos familia. Sólo por eso debe ser generoso y compartir con nosotros un poquito de su riqueza. *Compartir es querer al prójimo*, así es como nos enseñaron de niños en la escuela de Berekuso. ¿O acaso se te ha olvidado?"

Francis abre la maleta a regañadientes y saca una pequeña caja de caramelos *toffee*. Se la entrega a Kwesi. "¿*Toffee*?" pregunta Kwesi sin poder esconder su decepción. "Después de tantos años en el extranjero, ¿solamente nos traes una cajita de caramelos?"

Nada más oír esto, Francis se enfurece. Se le ponen los ojos rojos, y las venas de la frente se le hinchan como si estuvieran a punto de estallar de ira. Ha cambiado mucho, Francis, desde que emigró a Inglaterra. Ya no es aquel tipo despreocupado y alegre que antaño era.

"No tengo nada más para ti, ni para tu familia, Kwesi," replica Francis. "Absolutamente nada," insiste. "Lo único que tengo es una historia. Os quiero hablar sobre mi vida en Londres," continúa. "Pero antes, llama a tus hijos para que también puedan escucharla. Pensándolo mejor, convoca a todos los vecinos de Berekuso. Llama al Jefe del pueblo, ¡e incluso a la Reina Madre! Que todo el mundo tome asiento bajo este mango y escuchen mi historia: la historia de Francis Mensah, el emigrante."

"Dejé Berekuso hace doce años. Era una de esas mañanas húmedas de la estación de las lluvias. El pueblo entero salió a despedirme. Mientras esperaba el *trotro* que había de llevarme al aeropuerto, todos los vecinos se me acercaron para desearme lo mejor y darme unos últimos consejos. 'Sufrirás en el infierno para ganarte el derecho de gozar eternamente en el paraíso,' me advirtió mi amigo Kodjo. Se refería a aquello que tan bien conocen todos los que emigran al extranjero: como inmigrante en Inglaterra tendría que trabajar muy duro, pero a cambio, volvería a Berekuso como un señor, forrado de dinero, y podría construirle una mansión a mi familia. 'Tan pronto como llegues a Londres,' me pidió mi novia, 'mándame libras esterlinas para que pueda abrir la primera oficina de cambio del pueblo.' 'Vete y cuida de mí,' me rogó mi madre, 'igual que cuidé yo de ti cuando eras pequeño.'"

"Me subí al polvoriento *trotro* y alcancé a ver a mis familiares y amigos por última vez. Vi antelación y esperanza en sus rostros. Si me apuras, incluso envidia. Entonces miré a mi madre por última vez, y me vino a la mente aquella canción tan famosa. Saqué la cabeza por la ventanilla del *trotro* y empecé a cantar a voz en grito: '*Sweet mother, I no go forget you, for dey suffer way you suffer for me* (Dulce madre, nunca te olvidaré por todo lo que sufriste por mí).' Todo el mundo se echó a reír, y el *trotro* arrancó. Cuando me quise dar cuenta, Berekuso ya no era nada más que un punto minúsculo en el horizonte."

"Llegué a Inglaterra repleto de expectativas y sueños de juventud. 'En Europa se vive muy bien,' me había asegurado mi hermano mayor. 'Te harás de oro,' había pronosticado mi madre. 'Te convertirás en un hombre importante,' predijo mi hermana."

"Al poco tiempo encontré trabajo como taxista. Antes de emigrar, mi amigo Kodjo me había dicho que un taxista inglés podía ganar más dinero en un solo día ¡que un campesino de Berekuso en todo un mes! Fijé mi mente en aquel pensamiento, y así es como logré superar los interminables días de niebla lejos de casa. Mi amigo Kodjo llevaba razón. En un buen día, puedo ganar hasta 200 libras conduciendo mi taxi por Londres. De media, gano unas 1.500 libras al mes."

"¡Eso es una fortuna!" exclama Ama mientras que hace el gesto de aplaudir con las manos. "Si yo tuviera ese dinero en Berekuso, mandaría a mis hijos a una escuela privada, abriría una tienda más grande, montaría una pisci-factoría, y ¡me haría coser un vestido nuevo cada semana!"

"Ahí está la cuestión," interrumpe Francis. "Y es que esta historia no tiene lugar en Berekuso sino en Londres, y 1.500 libras allí no dan para tanto como en este pueblo. Escuchadme bien, todo el mundo. Niños, tomad nota: al final de la historia habrá una pregunta de matemáticas. Gano 1.500 libras al mes, pero pago un alquiler mensual de 800 libras. Éste es el alquiler más barato que se encuentra por un piso diminuto de un dormitorio en un barrio marginal a las afueras de Londres. Luego, se suma el costo del transporte para que mis hijos vayan al colegio cada día: me cuesta 150 libras al mes. Además, tengo que pagar los gastos de calefacción, gas y electricidad. Allí en Inglaterra no se puede cocinar con carbón. Esto me supone otras 200 libras al mes. Por último, gasto unas 300 libras para comprar comida en el supermercado y pagar mis facturas de teléfono y los impuestos municipales. ¿Qué resultado da esta suma? ¿Alguien lo sabe?"

"¡Mil cuatrocientas cincuenta libras!" canta un niño muy aplicado, vestido con su uniforme escolar.

"Efectivamente," dice Francis. "Gano 1.500 libras al mes como taxista en Londres, trabajando más de catorce horas diarias, ¡muchas más horas de las que echa ningún campesino en Berekuso! Luego se me van unas 1.450 libras en gastos básicos. Esto quiere decir que a final de mes ¡me quedan sólo cincuenta libras! Apenas tengo ahorros, y a menudo me veo obligado a pedir dinero prestado para sobrevivir."

Al escuchar estas palabras, Kwesi se siente invadido por la vergüenza. Entonces, se le ocurre una cosa. Se pondrá de pie en medio de la multitud que se ha reunido a la sombra del mango y le pedirá disculpas públicamente a su primo Francis. Esta será una buena manera, piensa, de resaltar la moraleja de la historia y asegurarse de que los más pequeños aprenden una lección. Así es exactamente cómo les gusta a los ancianos enseñarle cosas a los niños en África: contándoles historias en las que se vean reflejados.

"Hermano," dice Kwesi, "siento mucho haber sido tan desconsiderado contigo cuando te pedí que me dieras regalos. Di por hecho, de forma muy equivocada, que tú eras rico y yo era pobre. No sabía nada acerca de tus condiciones de vida en Londres. Tan sólo ahora, tras escuchar tus palabras, me doy cuenta de que yo soy el rico y tú eres el pobre. Mi abuelo llevaba razón: nuestra tierra, Berekuso, es nuestro tesoro."

Conceptos Clave:

- El término "poder adquisitivo", o asequibilidad, se refiere a la cantidad de bienes y servicios que una determinada suma de dinero puede comprar. A la hora de comparar la riqueza de varios individuos, es necesario tener en cuenta la asequibilidad que a cada persona le otorgan sus ingresos en su lugar de residencia (es decir, el poder adquisitivo relativo). Esta es una medida más completa que fijarse únicamente en el nivel absoluto de ingresos de cada persona.

- El poder adquisitivo de un dólar varía en función del país donde uno se encuentre (o incluso por regiones dentro de un mismo país). Esto se debe a que el precio de muchos bienes y servicios está determinado por la estructura de costos locales.

- Comparar los niveles salariales entre países o regiones puede resultar engañoso a la hora de comparar niveles de vida, ya que los sueldos por sí solos no reflejan plenamente los niveles de asequibilidad de cada lugar. Por ejemplo, mientras que un dólar puede comprar muchas cosas en un pueblo de Ghana, este mismo dinero apenas da para comprar una botella de agua en Londres.

- Para comparar adecuadamente el poder adquisitivo de la gente en distintas geografías, es preciso tener en cuenta, no sólo la renta per cápita, sino también el costo medio de una canasta de consumo básico en el lugar de residencia de cada persona (incluyendo elementos como el coste de la vivienda, alimentación, escolaridad y transporte).

8. COMPETENCIA Y NIVELES DE VIDA: EL INGENIERO INFORMÁTICO MARROQUÍ

Rachid Benchekroun es un ingeniero informático de Casablanca, la ciudad más grande de Marruecos. Rachid trabaja para una empresa de tecnología desarrollando videojuegos. Vive en un bonito *chalet* en la zona residencial de la *Corniche*, uno de los barrios más elegantes de la ciudad. Pero las cosas no siempre han sido fáciles para Rachid, y con tan sólo veinticinco años, mira hacia atrás y siente que ha recorrido un largo camino en la vida.

Rachid se crió en un barrio popular de Casablanca, en un pequeño apartamento de un dormitorio que compartía con sus padres, sus tres hermanos y dos de sus primos venidos del pueblo. Abdel Karim, el padre de Rashid, era mecánico, mientras que su madre, Fátima, era ama de casa. Desde muy joven, Rachid aprendió el valor del esfuerzo. De niño, iba al colegio por las mañanas y ayudaba a su padre en el taller por las tardes, engrasando motores e hinchando neumáticos. Por las noches, Rachid hacía sus deberes muy aplicadamente bajo una lámpara de queroseno. "Estudia duro, muchacho," le recordaba su padre a menudo, "porque es la única manera de que el hijo de un mecánico de Chefchaouen pueda llegar a ser alguien en la vida."

"*Inshallah* (si Dios quiere) de mayor serás ingeniero," decía su madre, Fátima, con mucha esperanza. "Tus titos del pueblo se sentirán muy orgullosos de ti."

Rachid hizo lo que le fue dicho. Estudió con diligencia y pronto se convirtió en el mejor alumno de su clase. A raíz de esto, obtuvo una beca para estudiar en el *Lycée Lyautée*, una prestigiosa escuela francesa en la ciudad, y tras terminar el bachillerato, fue aceptado en un programa de ingeniería en la Universidad de la Sorbona en París. "*Mashallah* (gracias a Dios)," exclamó su madre al oír la noticia. "¡Vete a Francia y llénanos de orgullo, *habibi* (cariño)!" Y una vez más, Rachid hizo lo que le fue dicho.

Pero vivir y estudiar en París no había de ser fácil para el cuarto hijo de Fátima y Abdel Karim Benchekroun. París era, pensaba Rachid, más frío y húmedo que la cámara frigorífica de una carnicería. La gente iba corriendo a todas partes, en todo momento. Nadie parecía tener tiempo para saludarse cordialmente ni para preguntar acerca de los familiares del otro. Y tampoco había tiempo para disfrutar de los pequeños placeres de la vida. Rachid echaba mucho de menos Casablanca, su ciudad natal. Extrañaba aquellos paseos placenteros al borde del océano atlántico, las llamadas a la oración de las mezquitas que marcaban el ritmo de la vida cotidiana. Añoraba el bullicio de las callejuelas de la medina, el aroma intenso del té a la hierbabuena, la brisa del mar, la luz del sol mediterráneo. Pero, sobre todo, Rachid echaba de menos la deliciosa sopa *harira* (sopa de lentejas) de su madre, y la voz ronca de su padre mientras engrasaba motores en el taller.

"Regresaré a mi tierra en cuanto acabe mis estudios," se juró Rachid a sí mismo poco después de llegar a Francia. Pero a su madre, Fátima, no le gustó nada esta decisión. "*Habibi,*" le dijo por teléfono un día, "tu padre y yo lo hemos estado hablando y París te conviene. Quédate allí." Rachid se sintió muy herido al escuchar estas palabras. ¿Bajo qué concepto podía darle su madre tales consejos, cuando nunca había salido de su pueblo? ¿Acaso conocía París? ¿Acaso sabía lo pesado que se sentía su corazón y lo mucho que extrañaba su sopa *harira*?

Llegó el día de su graduación, y Rachid por fin consiguió el título de ingeniería de la Sorbona. Poco después, hizo lo que juró que haría. Regresó a Casablanca a pesar de los deseos expresos de su madre. Sabía que no sería fácil encontrar un empleo adecuado en su ciudad natal, pero haría todo lo posible. "*Maktoub* (está escrito)," se dijo a sí mismo, "no tiene sentido estar ansioso por el futuro, porque sólo Dios sabe lo que está escrito en el destino de cada hombre." Poco después, Rachid consiguió trabajo en una empresa informática que le ofrecía un buen sueldo. Alquiló un bonito *chalet* en la zona de la *Corniche*, cerca del paseo marítimo, y poco a poco, se fue acostumbrando a su nueva vida. París ya no era nada más que un recuerdo distante, pero una parte de él se había quedado allí.

"Michelle *hayati* (vida mía)," murmura Rachid cuando se pasea por las tardes al borde del mar. Se refiere a una hermosa chica francesa de la cual se enamoró perdidamente mientras estudiaba ingeniería en París. Tomaron varias clases juntos, y alguna vez salieron a tomarse un té o a dar un paseo por la ciudad. Pero Rachid nunca tuvo el coraje de abrir su corazón y declararle sus sentimientos. Nunca se le dieron bien este tipo de cosas, y además, tampoco estaba seguro de que fuera la jugada acertada. "Si le declaras tu amor a una mujer," le advirtió su primo Faouzi, "te perderá el respeto por completo, y luego se irá con otro hombre que vaya de tipo duro."

Quizás Faouzi tenía razón. Y luego estaba la gran duda de si Michelle aceptaría algún día mudarse a Casablanca para estar junto a él. "No aguantará mucho tiempo en este país," pronosticó el primo Faouzi, que parecía saberlo todo. Pero ninguna de las premoniciones de su primo hicieron que cambiaran los sentimientos de Rachid. "*Maktoub,*" se decía Rachid a sí mismo, "sólo Dios sabe lo que está escrito en el destino de cada hombre."

Una noche, Rachid lee el famoso cuento de Leila y Majnoun, una antigua historia árabe parecida a Romeo y Julieta. "Yo seré Majnoun," se jura a sí mismo después de leer el libro, "y Michelle será Leila." Y como Rachid es un hombre de honor que siempre cumple con su palabra, se jura que no descansará hasta que logre conquistar el corazón de Michelle. Tiene un plan: viajará a París varias veces al mes para visitar a su amada, y poco a poco, abrirá su corazón y le declarará sus sentimientos. ¡Qué importa lo que piense el primo Faouzi!

Esa misma noche, Rachid busca por internet un billete de avión a París. Tras dar varias vueltas, se percata de que para volar directamente desde Marruecos hasta Francia, sólo existe una opción: volar con Sahara Air, la única aerolínea del país que tiene derecho a hacer esta ruta. El precio medio de un billete de ida y vuelta es de 6.000 dirhams marroquíes (el equivalente a 600 dólares americanos). "Es casi la mitad de mi sueldo mensual," piensa Rachid. "Volar es tan caro que no podré viajar tantas veces como querría," reflexiona. Pero ¿será posible que algo tan hermoso como el amor entre Leila y Majnoun pueda echarse a perder debido al coste de los viajes aéreos?

Durante los meses siguientes, el gobierno de Marruecos aprueba ciertas leyes que liberalizan el mercado aéreo. Se eliminan las restricciones regulatorias que antaño impedían a otras aerolíneas hacer la ruta Casablanca-París. Este cambio acaba con el monopolio de Sahara Air y hace que el mercado se vuelva mucho más competitivo. Del día a la mañana, un gran número de aerolíneas nuevas empiezan a ofrecer vuelos baratos a Francia. Una de estas empresas es Desert Fly, una aerolínea de bajo costo que ofrece billetes de ida y vuelta por tan sólo 500 dirhams (50 dólares), una fracción de lo que cobra Sahara Air. "*Mashallah*," dice Rachid para sus adentros. "Ahora sí que podré darme el lujo de ver a Michelle cada fin de semana."

Rachid queda con su primo Faouzi para tomarse un té y le habla sobre las ofertas de vuelos baratos que ofrece Desert Fly para ir a Francia. "Tu alegría es la infelicidad de otra persona," replica Faouzi con su habitual cinismo. "Mi amiga Mounira es azafata de vuelo con Sahara Air, la aerolínea que tenía el antiguo monopolio de esas rutas. Has de saber que está muy molesta por la llegada de nuevos competidores. Acaban de bajarle el sueldo a la mitad, y para colmo, ¡le piden que trabaje el doble de horas mensuales! Su jefe le ha explicado que la única forma de que la aerolínea salga adelante es reduciendo tarifas. Pero para esto, la empresa tiene que reducir su estructura de costos. Y eso implica hacer muchos despidos de personal y bajar sueldos a todos los niveles."

"Qué pena," dice Rachid, mientras hace una pausa para saborear su té de hierbabuena.

"Aunque no todo son malas noticias," continúa Faouzi, "por otro lado, hace poco leí en el periódico que Desert Fly, la aerolínea de bajo costo, acaba de inaugurar su sede aquí en Casablanca. Esto ha creado más de mil nuevos puestos de trabajo en la región. De hecho, mi amigo Khaled, que llevaba muchos años en paro, acaba de encontrar trabajo con ellos. ¡Les está muy agradecido!"

"*Mashallah*," dice Rachid.

Esa misma noche, de camino a casa, Rachid toma su ruta habitual a lo largo del paseo marítimo para disfrutar de la brisa del mar. De repente, se le cruza una idea por la cabeza, "Cogeré un vuelo a París este fin de semana y le pediré matrimonio a Michelle." Enseguida, le invaden las dudas y empieza a imaginarse lo que podría resultar de un acto tan audaz. "¿Aceptará y se lanzará en mis brazos?" se pregunta para sus adentros, "o más bien me dará una bofetada y me dirá que nunca jamás?" De pronto, se levanta el oleaje y resopla el viento con fuerza. Rachid siente como si alguien le estuviera susurrando algo al oído. "*Maktoub*," escucha, "sólo Dios sabe lo que está escrito en el destino de cada hombre."

Conceptos Clave:

- Las empresas privadas se crean con el objetivo de maximizar beneficios. Cuando existe poca o ninguna competencia en un determinado mercado (es decir, cuando hay un número reducido de ofertantes), las empresas pueden alzar los precios considerablemente y obtener grandes beneficios a costa de los consumidores, puesto que éstos últimos no disponen de muchas alternativas.

- Cuanto más competitivo sea un mercado (mayor número de ofertantes de un mismo producto), mayor será la oferta y la gama de productos a disposición del consumidor. Igualmente, a mayor competencia en un mercado, mayor el incentivo que tienen las empresas de ofrecer mejores productos a precios más atractivos. La competencia es un ingrediente esencial para mantener un sano equilibrio entre el ánimo de lucro de las empresas y el bienestar de los consumidores.

- En un mercado donde hay muchos ofertantes para el mismo producto (un mercado competitivo), las empresas que obtienen los mayores beneficios y cuotas de mercado suelen ser aquellas que ofrecen la mejor relación calidad-precio a los clientes. La competencia crea incentivos para que las empresas sean más eficientes, mejoren sus productos y ofrezcan precios más atractivos.

9. EL COMERCIO INTERNACIONAL: EL CARPINTERO ESPAÑOL

Enrique Silva es un carpintero y hombre de negocios de cincuenta y dos años de edad, originario de Olula del Río, un pequeño pueblo en el sur de España. Su fábrica emplea a más de cincuenta personas y vende muebles por todo el país. Como la empresa de Enrique es una de las más destacadas de la región, son muchos los que piensan que Enrique es un hombre rico. A Enrique, esta ocurrencia lo alaba, pero en el fondo, muy dentro de él, conoce la verdad. "Yo no soy rico," se recuerda a sí mismo a menudo. "Tan sólo soy un pobre con dinero."

Enrique nunca olvidará las penurias que pasó en su infancia, aquella infancia de cortijo. El undécimo hijo de una familia de campesinos, recuerda acostarse por las noches con las tripas vacías. Entonces, soñaba que se ponía las botas con un grandísimo plato de embutidos suculentos y una gran hogaza de pan blanco. En aquel entonces, la dieta principal de su familia consistía en patatas y cebolla hervidas, y a menudo picoteaban frutos secos para ahuyentar al hambre.

"¡Olivicas y almendras! ¡Eso es todo lo que da este secanal!" lamentaba Mamá Anica, la abuela de Enrique. "Cada vez que logro el milagro de criar coliflores o alcachofas," seguía, "cae un diluvio, se inunda la rambla que pasa por mi cortijo, y se lleva toda mi cosecha por delante. La última vez que esto ocurrió, me despertaron los gritos del vecino en la madrugada. 'Despierta, Mamá Anica, despierta,' escuché en la oscuridad del campo, 'porque te fuiste a dormir rica y ¡te has levantado pobre!' En algo llevaba razón aquel hombre de Dios, parece que estuviéramos condenados a levantarnos pobres por los siglos de los siglos," solía decir la Mamá Anica.

"Deberías hacer como tus primos," le dijo Mamá Anica a su nieto Enrique cuando éste cumplió los dieciséis años. "Vete a Alemania o a Suiza. Allí," continuó, "podrás ganarte la vida y sacarnos de esta miseria."

Pero Enrique se opuso rotundamente a la sugerencia de su abuela. "Seremos pobres, Mamá Anica, pero por nada del mundo dejaré esta tierra," respondió con firmeza. "Le he hecho una promesa a San Sebastián, el patrón de Olula. Nunca jamás me iré de este pueblo."

"Amén," replicó Mamá Anica al oír estas palabras, que es lo que solía decir cuando no quería discutir. Sin embargo, en lo más profundo de su alma, lamentaba que su nieto fuera terco como una mula.

Desde aquel día en que Enrique rechazó la idea de emigrar al extranjero, decidió dedicarse en cuerpo y alma a la carpintería, trabajando con humildad y diligencia. Con los años, la vida en Olula mejoró, pero siempre quedaría una cosa de los viejos tiempos: aquellos olivos centenarios con sus troncos retorcidos, plantados para recordarle a aquellas gentes su pasado de hambre.

A medida que el pueblo prosperó, empezaron a construirse nuevas casas y la venta de muebles se disparó, para gran alegría de Enrique. Con el tiempo, pudo ampliar su plantilla de empleados, compró una nave para su fábrica, y se hizo con una flota de furgonetas para la entrega de muebles a nivel nacional. Los negocios iban viento en popa, subiendo como la espuma. Hasta que un día, se acabó lo que se daba.

"¿Qué te ocurre, hermano Enrique?" le preguntó un domingo su hermana Ana al acabar la misa. "Sé que eres un hombre piadoso y muy creyente. Pero en los últimos días, has venido a misa mucho más de lo normal. En el pueblo se rumorea que te han visto encendiendo velicas día y noche. Parece que algo te preocupa."

"Llevas razón, hermana Ana," confiesa Enrique. "Tengo una preocupación que me consume. Tiene que ver con mi fábrica de muebles. En los últimos meses, se me han colapsado las ventas, y estoy con la soga al cuello porque no puedo pagar los sueldos. ¡Necesito un milagro para evitar la vergüenza de tener que despedir a algunos de mis trabajadores!"

"La culpa la tiene la dichosa globalización y la mayor competencia en el mercado," explica Enrique. "Me he dado cuenta de que muchas tiendas ahora venden muebles baratos de auto-ensamblaje importados de la China. No son tan buenos ni tan duraderos como los que yo produzco, pero valen una ínfima parte de lo que cuestan los míos, y a los compradores les gustan las baratijas," se lamenta.

"Me resulta casi imposible competir con el precio de los muebles de importación china," dice Enrique. "La mano de obra y las materias primas en China son muchísimo más baratas que en España," continúa. Tras pronunciar estas palabras, Enrique alza la mirada y ve la imagen de San Sebastián, el patrón de Olula. De pronto, se le ocurre una idea. Encontrará maneras de reducir su estructura de costos, importando materiales más baratos del extranjero y sacando a la venta una nueva gama de muebles asequibles que podrían competir con los muebles de auto-ensamblaje que se han puesto tan de moda.

Esa misma tarde, de camino a casa, Enrique se encuentra con su prima Cándida que acaba de recuperarse de una enfermedad rara. "Le doy gracias al Señor por tu recuperación, Prima," dice Enrique. "He rezado mucho por ti estos meses, y parece que San Sebastián por fin intercedió por nosotros."

"¡Cuánta razón tienes, Primo!" dice Cándida. "Sin duda nuestro santo patrón nos concedió un milagro. Pero también tenemos que darle las gracias al comercio internacional. El médico me dijo que le debía mi recuperación a un fármaco que descubrió el año pasado un laboratorio canadiense. Resulta que cuesta una fortuna investigar la cura de enfermedades raras como la que yo tuve. Y los laboratorios únicamente están dispuestos a financiar el trabajo de investigación porque saben que pueden amortizar su inversión con la venta del fármaco en muchos países. Si no existiera el comercio entre naciones y las empresas únicamente pudieran vender sus productos en el mercado local, este tipo de inversiones nunca tendría lugar. Y seguramente yo no estaría aquí para contarlo," concluye.

"Es cierto, Prima," concede Enrique. "Y también gracias al comercio internacional hoy en día tenemos acceso a tantas cosas que antes eran un lujo. Como los coches, por ejemplo, o los tractores, o los teléfonos móviles. Antiguamente estos bienes eran tan caros que sólo estaban al alcance de unos pocos. Pero a lo largo de los años, a medida que la economía mundial se ha ido integrando, el aumento en la competencia ha dado lugar a mejoras en la productividad en muchos mercados. A raíz de esto, la mayoría de los bienes de consumo se han vuelto mucho más asequibles. Los productores tienen que esforzarse más para competir en el mercado global, pero a cambio, tienen la oportunidad de vender sus productos en todo el mundo," concluye Enrique.

Esa misma noche, Enrique empieza a elaborar estrategias para transformar su negocio de muebles. Se mete por internet y encuentra un listado de proveedores internacionales que le pueden proporcionar los materiales y las herramientas que necesita para crear una nueva gama de muebles de auto-ensamblaje.

A los pocos meses, Enrique empieza a ver los resultados de su nueva estrategia. Las ventas de su empresa se recuperan y la nueva gama de muebles tiene tanto éxito que incluso comienza a recibir pedidos de lugares tan remotos como Argentina o Chile. Es la primera vez que Enrique vende muebles fuera de España, y empieza a plantearse abrir una oficina comercial en América Latina.

Enrique está repleto de entusiasmo. Siente que en algún lugar de allá arriba, entre el cielo azul intenso de Olula, sobre los olivos centenarios de los campos, San Sebastián, el santo patrón, le sonríe.

"Gracias, Señor," dice humildemente.

Conceptos Clave:

- La interacción económica entre países (o el comercio internacional) contribuye a mejorar los niveles de innovación y productividad en muchos mercados.

- El comercio internacional le otorga a las empresas la oportunidad de aumentar sus ingresos ofertando sus productos en el mundo entero. Al mismo tiempo, el comercio internacional crea incentivos para que las empresas se vuelvan más competitivas e inviertan en productos nuevos.

- El comercio internacional intensifica la competencia entre proveedores de un mismo bien o servicio. Frente a un mercado global de mayor tamaño, las empresas que son capaces de ofertar productos más atractivos a mejores precios tienen la oportunidad de ganar cuota y obtener beneficios mayores. No obstante, las empresas con menor proyección, menos innovadoras y eficientes, suelen tener dificultades para sobrevivir frente a la mayor competencia del mercado global.

- Los consumidores de todos los países se benefician del comercio internacional, ya que éste aporta un mayor grado de elección al comprador, obligando a las empresas a ofertar una mejor relación calidad-precio.

10. La Inflación: La Estudiante Argentina

Josefina Bustamante es una estudiante universitaria de bellas artes de veintiún años de edad, proveniente de Buenos Aires, la capital de Argentina. Josefina vive con su padre y sus siete hermanos en Recoleta, un lujoso barrio donde se encuentran muchas tiendas y restaurantes de moda. El señor Amancio, el padre de Josefina, trabaja para AgricGlobal, una multinacional agrícola que se dedica a la exportación de soja argentina y de carne de vacuno a muchos países del mundo.

Como estudiante, Josefina recibe de su padre una paga mensual de 2.000 pesos (el equivalente a 150 dólares americanos). Josefina utiliza este dinero para pagar su pase de metro, comprar los libros de la universidad, tomarse algún café con sus amigas, y darse algún que otro lujo de vez en cuando. Una vez al mes, a Josefina le gusta ir al cine con su novio, Andrés.

La paga de Josefina es más que suficiente para procurarle todo lo que necesita, e incluso, para hacer algunos ahorros. Al final de cada mes, Josefina guarda el dinero que no se ha gastado en un sobre blanco que esconde cuidadosamente en su habitación. Una vez al año, durante las vacaciones de verano, utiliza estos ahorros para irse de viaje en moto con Andrés. El año pasado, la pareja visitó la Patagonia. ¡Fue el viaje más hermoso de sus vidas! El año que viene, están haciendo planes para visitar las famosas cataratas de Iguazú. Pero para alcanzar este sueño, tienen que ahorrar un poquito más.

Se acerca el fin de mes y Josefina se percata de que no ha conseguido ahorrar ningún dinero para su próximo viaje. Se pregunta por qué. Pensándolo bien, no ha hecho nada del otro mundo este mes, y sus hábitos de consumo no han cambiado. Le da vueltas, pero no logra encontrar una explicación. "El dinero vuela," se dice para sus adentros, y vuelve a lo suyo.

A las pocas semanas, Josefina se queda sin dinero otra vez. Pero esta vez, sucede a mediados de mes. Cuando Andrés la llama por teléfono para invitarla al cine, Josefina se niega con la excusa de que no tiene dinero. "*Ché*, Josefina," dice Andrés, "¿para qué están los novios? *Veníte* al cine, yo invito." Pero Josefina se niega educadamente. Su padre le ha enseñado que nunca debe aceptar regalos que no pueda devolver.

Semanas más tarde, Josefina se queda sin dinero una vez más. Esta vez ocurre a los diez días de recibir la paga. Josefina ya no tiene suficiente dinero para comprarse el café después de clase. Y ya lleva varios meses sin poder ir al cine con Andrés. "Esto no es normal," dice para sus adentros. "Ya sé que el dinero vuela, pero mis pesos están volando más de lo normal. ¿Qué diablos está pasando? Tengo que encontrar una explicación," concluye. Así que decide tomar el toro por los cuernos. Coge una libreta y se propone hacer un diario detallado de sus gastos durante las semanas siguientes.

Meses más tarde, Josefina se sienta en el salón de su casa con su libretilla y una calculadora. Empieza a teclear números frenéticamente, anotando cifras ilegibles en los márgenes del cuaderno. Se rasca la cabeza repetidamente, y usa sus manos para retorcer su larga melena una y otra vez. Es lo que suele hacer cuando está nerviosa. Entonces descubre que el precio de las cosas que suele comprar ¡se ha encarecido un 30 por ciento desde que empezó a anotarlo en su diario! El pase del metro, las entradas de cine, los libros universitarios, los cafés…Todo. ¡Todo se ha vuelto más caro! Ahora entiende por qué se ha estado quedando sin dinero repetidamente. De pronto, se avergüenza. Había sospechado que su hermano Pablo le estaba robando el dinero para comprarse helados. "*Ché*," se dice a sí misma, "Pablito jamás me haría esto."

Tras dudar un poco, Josefina decide hacerle cara a su padre, el señor Amancio, mientras que éste se encuentra en la cocina degustando su café matinal. "Papá," dice Josefina tímidamente, "la paga que me das ya no me alcanza para todo el mes."

El señor Amancio se atraganta con el café. Tose repetidamente para aclararse la garganta y finalmente levanta la cabeza para mirar a su hija a los ojos con incredulidad. "Cariño," dice intentando mantener la calma, "¿qué *tratás* de decirme? ¿Que 2.000 pesos al mes no te bastan?" A continuación, hace una pausa, y su rostro se vuelve grave. "Soy padre de ocho hijos," añade. "A principios de cada mes, le doy a todos y cada uno de mis hijos 2.000 pesos. En total, eso es una fortuna, ¿me *entendés*?"

Josefina asiente con la cabeza. Tiene miedo de que su padre se ponga furioso. "Si cada uno de mis hijos viniera a pedirme más plata, estaría arruinado," advierte el señor Amancio. "Así que no me *vengás* con el cuento de que tu paga no te alcanza. ¡Estarás malgastando la plata, como hacen los jóvenes!"

De pronto, Josefina se siente ofendida por esta acusación. Sale a buscar su cuadernillo y se lo enseña a su padre. "*Mirá*, Papá," le dice sin miedo, "no estoy mintiendo. Mis hábitos de consumo no han cambiado nada, pero ya no puedo permitirme las mismas cosas que antes. ¡Los precios están subiendo rápidamente!"

Amancio ojea el cuaderno de su hija con los ojos abiertos como platos. No puede creer que Josefina se haya tomado la molestia de llevar un diario detallado de los precios durante tantos meses. "Hija mía," dice Amancio muy despacito para que nadie lo oiga, "siempre supe que vos eras la más lista de mis ocho hijos. ¡Le saliste a tu santa madre! Llevas razón, los precios están subiendo rápidamente y a eso se le llama inflación. Cuando los precios suben tan rápido, cada peso alcanza para comprar menos cosas. Esto significa que estás perdiendo poder adquisitivo día tras día. Por eso, *llevás* razón cuando *decís* que tu paga mensual ya no te permite comprar las mismas cosas que comprabas hace un año. Sólo por eso, voy a subirte la paga un 10 por ciento."

Josefina mira a su padre con malicia. "Pero Papá," añade, "mi diario muestra que los precios subieron un 30 por ciento. Así que si tan sólo me *aumentás* la paga un 10 por ciento, seguiré sin poder permitirme las mismas cosas que antes. Para poder mantener mi poder adquisitivo, necesito que me *subás* la paga al mismo nivel que los precios. Es decir, un 30 por ciento."

Amancio se da por vencido. Se mete la mano en el bolsillo y saca unos cuantos pesos de su billetera. "Hijita," dice, "*agarrá* esta plata y *esfumáte* de acá. Pero por favor no le digas nada a tus hermanos acerca de esto."

Esa misma tarde, Amancio pide cita con su jefe para pedirle un aumento de sueldo "en línea con la inflación." Al hablar, acentúa estas últimas palabras mientras recuerda la conversación que tuvo con su hija por la mañana. El señor Leonardo, el jefe de Amancio, acepta la petición a regañadientes. "Sólo acepto porque vos sos uno de los mejores vendedores de nuestra empresa, y no queremos perderle," dice. "Pero le ruego que no le cuente nada de esto a sus compañeros."

Al salir de la oficina, el señor Amancio se precipita hacia el banco donde guarda sus ahorros. "Señorita," le dice a la cajera cortésmente, "por favor, retire todos los ahorros de mi cuenta, y entrégueme la plata con la mayor brevedad posible. Quiero comprarme un carro nuevo y utilizar el resto del dinero para acumular algunos bienes básicos en el hogar," explica don Amancio. "Los precios están subiendo rápidamente, y mis pesos pronto valdrán nada. Si no hago estas compras ahora, es posible que no pueda permitírmelas dentro de unos meses. Los ahorros en el banco cada día valen menos: los precios están subiendo un 30 por ciento al año, mientras que ustedes sólo me dan el 5 por ciento por mi dinero. Así que apúrese, se lo ruego, quiero comprar activos reales para preservar mi riqueza antes de que se evapore."

La cajera le entrega a Amancio su dinero en varios sobres que coloca cuidadosamente en una gran bolsa de plástico. El señor Amancio se lo agradece profusamente. "Entiéndame, señorita. Soy padre de ocho hijos," aclara antes de salir. "Y cada día se están volviendo más astutos."

Conceptos Clave:

- El término "inflación" se refiere al aumento generalizado de los precios de bienes y servicios en una economía durante un período de tiempo sostenido. Cuando la tasa de inflación es alta (los precios suben drásticamente), los bienes se encarecen, y el poder adquisitivo de los hogares y empresas se deteriora. Esto significa que la misma suma de dinero o ingresos puede comprar una menor cantidad de bienes.

- La tasa de inflación se calcula comparando el coste de una canasta de consumo medio durante un período de tiempo determinado. La tasa de inflación corresponde al porcentaje anualizado de la variación general de precios en el tiempo.

- Los períodos sostenidos de alza de precios (inflación alta) suelen ocurrir cuando el gobierno imprime demasiado dinero. Las autoridades monetarias de cada país (generalmente los bancos centrales) controlan la oferta de dinero en la economía. Esto otorga a los gobiernos la posibilidad de imprimir dinero si así lo consideran necesario.

- La manera más sostenible y responsable de que los gobiernos costeen el gasto público es mediante la recaudación de impuestos y la contratación de préstamos dentro de ciertos parámetros. Sin embargo, como los gobiernos ejercen influencia sobre las autoridades monetarias de cada país, a veces pueden recurrir a la impresión de grandes cantidades de dinero para financiar gastos públicos.

- Cuando los gobiernos imprimen demasiado dinero (aumenta la oferta), el valor del dinero se erosiona, haciendo que cada unidad de moneda valga menos. Esto significa que se necesitan más unidades de moneda para adquirir los mismos productos, resultando en un aumento de los precios. A medida que suben los precios, el poder adquisitivo de los hogares disminuye.

- En cierto modo, la inflación alta es un impuesto indirecto de los gobiernos sobre sus ciudadanos, ya que ésta les resta poder adquisitivo.

- Existe una fuerte relación entre la inflación y las tasas de interés. En períodos de alta inflación, el poder adquisitivo de los ciudadanos se deteriora, desalentando el ahorro. Esto, a su vez, hace que aumenten las tasas de interés (el costo de los préstamos) debido a la reducción del capital disponible para inversiones en la economía.

11. EL CAMBIO DE DIVISAS: EL DIRECTOR DE MARKETING DE KENIA

Muathi Kilonzo, de treinta y dos años de edad, es director de marketing en Kenyacom, una de las mayores empresas de telefonía móvil de Kenia. Muathi vive en una zona residencial afluente de Nairobi y gana unos 150.000 *shillings* al mes (el equivalente a 1.500 dólares americanos). Eso son muchos *shillings* para Muathi, que se crió en la Kenia rural, y está acostumbrado a vivir con una ínfima parte de ese dinero.

Muathi creció en Makindu, un pequeño pueblo en el sureste de Kenia, donde todavía vive su familia. De niño, Muathi crió cabras y pollos y también ayudó a sus padres en el campo, cultivando maíz y habichuelas. Muathi asistió a la escuela primaria en su pueblo natal. Sin embargo, en sus recuerdos distantes de infancia, no recuerda haber estado sentado en clase delante de un profesor. En cambio, le invaden recuerdos mucho más divertidos, aquellos momentos de alegría y libertad, corriendo por los campos con sus amigos tratando de cazar grillos y atrapar caracoles, mientras que se suponía que debían estar en la escuela. Y luego, como no, recuerda al señor Mutunga, aquel maestro que a menudo estaba de baja por supuesta enfermedad y sólo aparecía por clase para poner exámenes sorpresa que nadie aprobaba.

Fue tan sólo a partir de los once años cuando Muathi empezó realmente a aprender algo en el colegio. Prosper, su tío paterno y el hombre más letrado de toda su familia, no tardó en advertir que su sobrino estaba perdiendo el tiempo académicamente. Así que decidió costear los gastos y mandarlo a una escuela de renombre en Nairobi, la capital, a varias horas de autobús.

"Estarás interno en un colegio presbiteriano para niños," le anunció el tito Prosper a Muathi. "Allí, por fin te enseñarán a comportarte como un verdadero caballero cristiano. ¡Basta ya de atrapar grillos y caracoles durante el horario escolar!" exclamó, dando a suponer que había algo intrínsecamente incompatible entre el arte de cazar insectos y el de ser un caballero.

"Nunca olvides nuestras tradiciones," le dijo a Muathi su padre cuando se disponía a abandonar Makindu. "No me importa que te conviertas en un caballero como quiere tu tío Prosper, pero nunca olvides que has de comer copiosamente. Hijo mío," continuó su padre, "por nada del mundo querría que trajeras la vergüenza a nuestra familia convirtiéndote en uno de esos ciudadanos urbanos que trabajan tanto que se quedan en los huesos. La riqueza de un hombre se mide por la curva de su barriga. Así que estudia mucho, pero no olvides alimentarte con abundancia para convertirte en un hombre rico y gordo."

Muathi era un buen hijo, y por eso, honró los deseos de su padre. Creció y se convirtió en un muchacho de "constitución corporal tradicional", es decir, con unas mejillas muy redondas y un estómago prominente. También destacó académicamente en aquella escuela presbiteriana y tardó poco en aprender a comportarse como un noble caballero cristiano, dejando atrás el hábito infantil de cazar grillos.

Años más tarde, Muathi siguió haciendo que su familia se sintiera muy orgullosa de él. Empezó a trabajar como becario en Kenyacom y rápidamente fue ascendiendo hasta convertirse en director de marketing. Al poco tiempo, hizo lo que todo hombre exitoso de su pueblo hubiera hecho: le pidió matrimonio a su amada. Muathi estaba eufórico. Había logrado conquistar a la chica más guapa de todo Makindu: Precious Mwenda.

Precious también era de "constitución corporal tradicional", algo que Muathi sintió que los unía de una manera muy especial, un vínculo mucho más profundo que el del amor o la amistad. Poco después de la boda, Precious se trasladó a Nairobi con Muathi y no tardó en convertirse en una señorita muy a la moda. "Ten mucho cuidado con la gente de pueblo," le advirtió el tito Prosper a su sobrino. "No están acostumbrados a tener tanto dinero, y lo despilfarran a la menor de cambio." Asi que Muathi le asignó a su esposa una paga mensual. Siempre que ésta no le pidiera más, no le importaba lo que se le antojara hacer con el dinero.

A Precious le encantaba pasearse por los supermercados y pronto desarrolló un cierto gusto por los bienes de importación, tales como los yogures franceses, el queso suizo y el vino italiano. En cuanto a Muathi, aparte de comer, sus principales aficiones eran los coches de lujo y los aparatos electrónicos. Al poco tiempo de ser ascendido a director de marketing, se compró un Mercedes-Benz de última gama, con el cual solía ir al centro comercial con frecuencia para comprarse los últimos videojuegos y aparatos tecnológicos.

Un día, Muathi llega a la oficina a primera hora. Nada más entrar, la secretaria le pide que pase por el despacho del señor Polycarp Wekesa, el consejero delegado de Kenyacom. Al entrar por la puerta, Muathi contiene la respiración y dice una oración silenciosa. De repente, siente cómo le caen gotas de sudor por sus mejillas regordetas. El señor Wekesa se da cuenta de que Muathi está muy nervioso y le dice de manera paternalista, "Siéntate, hijo, y estate tranquilo. Sólo quería darte buenas noticias. Has trabajado muy duro este año, y quiero agradecértelo con un aumento de sueldo del 10 por ciento."

"Le estoy muy agradecido, señor," responde Muathi sin poder contener su alivio. "Estoy en deuda con usted por su generosidad. Le aseguro que seguiré trabajando lealmente para esta empresa. Dicho esto, quedo a su entera disposición para cualquier asunto que le pudiera surgir." Y tras pronunciar estas palabras, que en aquel momento consideró que eran dignas de un noble caballero cristiano, Muathi se excusó y salió del despacho.

El fin de semana siguiente, Muathi va al centro comercial para comprarse un *smartphone* de último modelo y un ordenador con pantalla táctil. "La tecnología evoluciona rápidamente y no puedo quedarme atrasado," se justifica para sus adentros. Elige los aparatos electrónicos que más le gustan y se dirige al cajero. "Son 100.000 *shillings* (equivalente a 1.000 dólares), señor," dice el dependiente educadamente.

Muathi siente un escalofrío por todo el cuerpo. "¿100.000 *shillings*?" repite con timidez. "Pero el precio ha subido mucho desde la última vez que pregunté."

"Lo siento, señor," responde el dependiente, "así son las cosas."

Muathi mira su cartera y comprueba que no tiene suficiente dinero para pagar. "Volveré otro día," dice muy rápido, y sale apresuradamente de la tienda para volver a casa en su Mercedes-Benz.

Por el camino, Muathi reflexiona sobre lo que ocurrió en el centro comercial. Se pregunta por qué el precio de los aparatos electrónicos que quería comprar habrá subido tanto. Le da vueltas, y compara la subida de precios del 30 por ciento con el aumento de sueldo del 10 por ciento que le acaban de dar. De repente, se da cuenta de que tardará unos cuantos meses más en poder comprarse el teléfono y el ordenador que tanto desea. Cuando llega a casa, Muathi se acomoda en el sofá y abre el periódico. Sus ojos van a caer sobre un curioso artículo sobre la devaluación del *shilling* y el impacto que esto está teniendo sobre el poder adquisitivo de la gente de Kenia:

"Nuestro país depende en gran medida de los bienes de importación, tales como ordenadores, teléfonos móviles y otros productos manufacturados y componentes industriales. Estos bienes de importación a menudo tienen un precio de referencia en dólares estadounidenses. Cuando nuestra moneda, el *shilling*, pierde valor frente al dólar, es decir que se devalúa, de repente los bienes de importación se vuelven más caros para el ciudadano medio de Kenia. Durante el último año, el *shilling* ha perdido alrededor del 30 por ciento de su valor en relación con el dólar americano. Esto significa que el mismo teléfono móvil, lavadora o microondas ahora cuesta alrededor de 30 por ciento más en *shillings* que hace un año, a pesar de que el precio en dólares americanos no haya cambiado. En resumen, la devaluación del *shilling* significa que nuestra gente ha perdido poder adquisitivo, puesto que ya no puede permitirse comprar la misma cantidad de bienes provenientes del extranjero."

Muathi se toma un rato para procesar lo que acaba de leer. ¡Ojalá hubiera prestado más atención en clases de economía en la universidad! Pero en cambio, se pasaba el tiempo escribiéndole cartas de amor a Precious Mwenda y recordando aquellos días felices de escuela en Makindu, cuando se dedicaba a atrapar grillos y caracoles. Pero el mensaje del artículo está bien claro: el *shilling* ha perdido valor con respecto al dólar americano, y por eso el *smartphone* y el ordenador que quería comprarse se han vuelto mucho más caros.

De pronto, un pensamiento le cruza por la cabeza. Muathi se levanta del sofá y se dirige a pasos forzados hacia la cocina. Allí encuentra a Precious saboreando un poco de queso suizo con una copita de vino italiano. "¡Basta ya!" dice Muathi un tanto molesto. "¡Basta ya de queso, de yogures y de vino! El tito Prosper llevaba razón: ¡te has convertido en una señorita demasiado moderna! Hemos de volver a nuestro estilo de vida tradicional. A partir de ahora, comeremos *ugali* (gacha elaborada a partir de harina de maíz, considerada como un alimento básico) y estofado de espinacas cada noche."

"Por mí no hay ningún problema," responde Precious tranquilamente, "no me cuesta ningún trabajo. Pero a cambio, tú, me tienes que prometer que no vas a pasar tanto tiempo jugando a la videoconsola, y que pasaremos más tiempo en pareja."

Muathi no puede contener la risa, y abraza tiernamente la figura redonda de Precious. "Te lo prometo," le dice, "pero no porque tú me lo mandes. Simplemente porque de aquí en adelante no voy a poder comprarme videojuegos cada dos por tres, como hacía antes. El *shilling* se ha devaluado, y los bienes de importación se han vuelto demasiado caros."

"¿A quién le importan los bienes de importación?" dice Precious. "Mientras podamos comer *ugali* y estofado en grandes cantidades, siempre seremos ricos y gordos. ¿Acaso no es ese el sentido de la vida?" pregunta Precious. Muathi no puede dejar de reír, y mientras lo hace, sacude su prominente barriga de arriba abajo una y otra vez. Precious lleva razón: la verdadera riqueza de un hombre está en su estómago.

Conceptos Clave:

- De la misma manera que la moneda de un país facilita las transacciones económicas dentro del territorio nacional, ciertas divisas como el dólar americano o el euro se utilizan de forma generalizada para facilitar el comercio internacional.

- Los tipos de cambio representan el valor de una moneda en relación con otra.

- La capacidad de un país para consumir productos extranjeros (de importación) depende del nivel de ingresos en divisa extranjera que recauda cada país. Los ingresos en divisa extranjera se derivan principalmente de la exportación de mercancías a otros países, las cuales son pagadas en divisas extranjeras, como dólares o euros.

- Cuando el valor de las exportaciones de un país aumenta abruptamente, el valor de su divisa nacional tiende a apreciarse (en relación con otras divisas internacionales), debido al incremento de ingresos en divisa extranjera que recauda el país.

- Por otro lado, cuando la cantidad de bienes importados en un país es superior a los ingresos en divisa extranjera que genera el país, el valor de la moneda nacional tiende a devaluarse. Cuando la moneda de un país se devalúa, los bienes importados se vuelven más caros para los residentes de este país.

12. La Creación de Empleo: El Presentador de Telediario Griego

Evangelos Assimakos es un conocido presentador de telediario para TV Helénica, la cadena de televisión más grande de Grecia. Evangelos lleva doce años trabajando para TV Helénica y es uno de los rostros más conocidos del país. Es él quien presenta las noticias a la hora de comer, y se le reconoce fácilmente: tiene una sonrisa radiante, un pelo de color negro azabache, y una elegantísima entonación al hablar.

Cada vez que Evangelos sale a pasear por la calle Ermou, una de las más concurridas de Atenas, la gente se detiene para saludarlo cariñosamente. "*Kalimera* (buenos días), señor Assimakos," le dicen, "es un placer verlo por aquí."

Evangelos vive en un bonito ático con vistas a la Acrópolis, junto con su esposa Dzifa, y sus dos hijos, Aristóteles y Sócrates. Cuando los niños están de vacaciones de verano, la familia toma un ferry a la cercana Creta, donde pasan semanas yendo a la playa y haciendo senderismo por los montes mediterráneos.

A Aristóteles y a Sócrates les encanta hacer senderismo y jugar a ser exploradores en la naturaleza. Los dos niños fingen que están buscando tesoros escondidos en una isla lejana y van llenándose los bolsillos de todo tipo de artículos que se encuentran en el monte: piedras con formas divertidas, conchas de caracol, colillas de cigarrillos y latas vacías de Coca-Cola que la gente ha abandonado después de hacer un *picnic*.

No hace falta aclarar que la familia Assimakos es una familia feliz. Viven una vida acomodada, y aunque Dzifa sea ama de casa, el sueldo de Evangelos es más que suficiente para costearles muchos lujos, como aquellas largas vacaciones en Creta.

Un día, Evangelos vuelve a casa del trabajo totalmente derrumbado. Dzifa se precipita hacia él y le pregunta qué ha sucedido. "¿Te han atracado por la calle? ¿Te has peleado con tu jefe?"

"No, no," dice Evangelos, "lo que ha pasado es mucho peor que todo eso. ¡TV Helénica ha quebrado! Ya sabes que la empresa estaba subvencionada por el gobierno, pero por culpa de esta maldita crisis económica, el gasto público se ha colapsado, y el gobierno ya no puede seguir costeando nuestro canal. Así que la empresa se va a pique, y ¡yo me he quedado en el paro!" lamenta Evangelos llevándose las manos a la cabeza.

"¡Esto es una verdadera tragedia griega!" responde Dzifa. "¿Y ahora qué vamos a hacer?"

Evangelos pasa las semanas siguientes encerrado en casa dándole vueltas a su futuro. Se ha pasado los últimos doce años presentando el telediario del medio día. Ser presentador es parte de su persona, de su identidad. Es lo único que sabe hacer, y sin eso, se siente desamparado. "¡Qué triste es mi destino," se dice para sus adentros. "Más triste que el destino de Prometeo," aclara Evangelos, haciendo alusión a una antigua tragedia griega que leyó hace poco.

"Tenía una trayectoria profesional de película por delante de mí," medita Evangelos. "Estaba a punto de ser ascendido a director ejecutivo. Todo el mundo en Atenas me reconocía y admiraba. ¿Qué será de mí ahora? Tengo pánico del día en que la gente pase de largo cuando me vea por la calle Ermou, sin tan siquiera tener el detalle de decirme *kalimera*," piensa.

A medida que pasan las semanas, el estado de ánimo de Evangelos se va empeorando y cada vez está más angustiado. Se siente inútil sin trabajo. De hecho, tantos otros de sus compatriotas griegos comparten este sentimiento de impotencia. El país está atravesando una larga crisis económica y mucha gente se ha quedado en paro. Los ingresos de los hogares han bajado mucho, y nadie sabe a qué aferrarse. El gobierno está demasiado endeudado y se está viendo obligado a hacer grandísimos recortes en el gasto público que están teniendo efectos muy perniciosos en la vida cotidiana de la gente. "Nuestro gobierno nos ha fallado," protesta la gente en las calles de Atenas y Tesalónica.

Pasa el tiempo y Dzifa empieza a sospechar que Evangelos se está deprimiendo. Ya no se pasa horas cada mañana frente al espejo, peinando una y otra vez su cabello negro y brillante. Y tampoco se remete la camisa cuando sale a pasear por la calle Ermou. Su apariencia física se está deteriorando mucho. Su piel color de aceituna está perdiendo su lustre, y le están saliendo canas en el pelo.

"Tengo una sorpresa para ti," le dice Dzifa a Evangelos una buena mañana. "Te he comprado un billete para que vayas a Creta unos días. Creo que te vendrá bien estar solo un tiempo y poder pensar en tus cosas tranquilamente. El azul del mar y la brisa del monte calmarán tu alma atormentada. Ve y vuelve. Los niños y yo te estaremos esperando."

Evangelos hace su maleta y se prepara para zarpar hacia Creta. Pero antes de irse, llama por teléfono a su madre, Elena, para que venga a hacerle compañía a Dzifa y a los niños mientras que él está de viaje. "A Aristóteles y a Sócrates les encanta tu *moussaka* (plato tradicional griego), Mamá, y ya sabes que Dzifa no cocina tan bien como tú," añade Evanglos, sabiendo perfectamente que este último detalle hará muy feliz a su madre.

Cuando llega a Creta, Evangelos decide darse un largo paseo por los montes mediterráneos. ¡Qué reconfortante el azul intenso del mar en el horizonte! ¡Qué melodioso el canto de los grillos en la montaña! ¡Qué fresquita la brisa! ¡Y qué tranquilidad sin Aristóteles ni Sócrates correteando por todos lados!

Evangelos hace una pequeña parada para admirar las impresionantes vistas que se extienden ante sus ojos. A lo lejos, se puede ver el puerto deportivo, los yates de los millonarios, los ferris para turistas. Y allí, a la derecha, los laboriosos pescadores lanzando una y otra vez sus redes en la alta mar. A su alrededor, no hay sino algunos pinos dispersos y un manto de plantas aromáticas, lavanda, romero y tomillo. Evangelos siente como sí la naturaleza lo estuviera abrazando en su cálido regazo, igual que el regazo de su querida esposa, Dzifa. "Este es el lugar más hermoso del universo," dice Evangelos con el pecho lleno de orgullo. "No es de extrañar que los más grandes filósofos de la humanidad nacieran en esta tierra y que en medio de estos cielos azules, los Dioses del Olimpo decidieran hacer su morada."

Sumido en estos pensamientos tan poéticos y vagando sin rumbo, Evangelos se topa de golpe contra un objeto duro. Es un pedazo de madera. Mira hacia abajo y ve que acaba de pisar un cartel. Le da la vuelta y lee: "Compra un pedacito de cielo. Parcela en venta aquí."

Evangelos anota el número de teléfono y comienza el camino de descenso a la ciudad. Mientras que camina monte abajo, se le ocurre una brillante idea. "Las musas me han inspirado," dice para sus adentros. "En esta tierra divina, las ideas abundan."

¿Y si comprara un terreno en aquella montaña y montara un hotel con vistas al mar? Dzifa se haría cargo de la administración. Él haría todo lo relacionado con el marketing y el mantenimiento. Y en cuanto a los pequeños Aristóteles y Sócrates, podrían cuidar de los *ponys* y jugar a ser exploradores todas las tardes después de la escuela. Esto sería una manera fantástica de auto-empleo, y de crear puestos de trabajo para otras personas, ya que tendría que contratar a cocineros, jardineros, limpiadores y guías turísticos.

Evangelos vuelve a casa después de pasar una semana en Creta. "Te veo radiante," comenta Dzifa muy satisfecha. "Tu pelo está repeinado y llevas la camisa metida por dentro. Tu piel color de aceituna ha recobrado su lustre y..." Dzifa hace una pausa y examina a su marido con curiosidad. "¿Te has tintado el pelo, cariño?"

"Eso no tiene ninguna importancia, Dzifa," replica Evangelos. "Lo más importante es que acabo de comprar un gran terreno en Creta, en lo más alto de la montaña. ¡Vamos a montar un hotel y crear muchos puestos de trabajo!"

"¡Ah!" exclama Dzifa llevándose las manos a la cabeza, "¡por favor dime que esto es una comedia griega!"

Conceptos Clave:

- La disponibilidad de puestos de trabajo en un país desempeña un papel importante en el nivel de vida y la movilidad social de sus ciudadanos. Las oportunidades de empleo ofrecen a las personas una fuente de ingresos así como una oportunidad de adquirir nuevas habilidades que pueden enriquecer sus vidas. Pero, ¿cómo se crean los puestos de trabajo?

- Cuando un individuo monta una empresa para producir bienes o prestar servicios, esta persona crea puestos de trabajo para otros. Los gobiernos también crean oportunidades de empleo en el proceso de proporcionar infraestructura pública y prestar servicios sociales a sus ciudadanos.

- A medida que los individuos, las empresas y el gobierno identifican más oportunidades para crear nuevos productos o servicios, se crean más puestos de trabajo. Las sociedades que promueven la innovación y facilitan la actividad empresarial suelen tener niveles más altos de creación de empleo.

13. La Función del Gobierno en la Economía: El Alcalde del Congo

Marcel Lokomba, doctorado en economía, trabaja para el Banco Mundial en Washington, DC. Después de catorce años en este trabajo, Marcel decide regresar a su ciudad natal, Bukavu, en la República Democrática del Congo.

La vida de Marcel ha estado repleta de giros inesperados. "Mi vida," reflexiona, "es como una de esas películas nigerianas tan rebuscadas." Cuando mira hacia atrás, Marcel se da cuenta de que ha pasado la mayor parte de su vida persiguiendo algo.

De niño, Marcel persiguió cerdos y vacas en la finca de su abuelo, en Bukavu. Cuando se hizo un poco más mayor, empezó a perseguir peces mientras jugaba con sus amigos en el lago Kivu, donde aprendió a nadar. Poco después, Marcel persiguió al sacerdote belga que habría de darle una beca para estudiar en el seminario de la provincia. Cuando se graduó del seminario, Marcel persiguió a su abuelo, rogándole que vendiera algunas tierras para costear su educación universitaria en Kinshasa, a más de mil kilómetros de Bukavu. En la Universidad de Kinshasa, Marcel estudió matemáticas, pero también pasó bastante tiempo corriendo por el campus persiguiendo perros callejeros para tratar de ahuyentarlos, o más bien, siendo ahuyentado por ellos, ya que éstos le daban mucho miedo.

Una vez completada esta difícil tarea, Marcel persiguió al decano de la universidad, que habría de escribirle una carta de recomendación para cursar una maestría en Ginebra, Suiza. En este país extranjero, Marcel persiguió autobuses y trenes como nunca antes lo había hecho. Completó su maestría y fue aceptado en un programa de doctorado en una universidad americana de renombre. Pero antes de que pudiera viajar a los Estados Unidos, Marcel tuvo que perseguir una vez más a los funcionarios de la embajada americana para convencerles de que le emitieran un visado de estudiante. Al final, todo salió bien. Estudió mucho y completó su doctorado. Y por última vez, Marcel persiguió y finalmente consiguió lo que habría de ser su trabajo en el Banco Mundial durante los catorce años siguientes.

"¡Basta ya de perseguir cosas en la vida!" se dijo Marcel para sus adentros. "Es hora de volver a mi patria, la tierra de mis antepasados, y servir a mi gente. ¡Me presentaré a alcalde de Bukavu!"

Marcel coge el primer vuelo a su país. Allí lo está esperando su esposa, Béatrice, con un delicioso estofado de carne de cabrito que ha preparado especialmente para él. Mientras que está cenando, Marcel le cuenta a Béatrice todo acerca de sus ambiciones políticas.

"Y si se puede saber, ¿cómo se llamará tu partido político?" pregunta Béatrice con mucha curiosidad.

"El Partido de las Juventudes de Bukavu," responde Marcel.

"¿Juventudes?" repite Béatrice con voz socarrona. "Pero ¿tú te has visto en el espejo, Marcel? ¡Ya no eres un crío!"

"Béatrice," dice Marcel con mucha paciencia, "la mayoría de la gente de Bukavu tiene menos de veinticinco años. Por ese motivo he elegido ese nombre para mi partido. Sonará bien entre los votantes jóvenes. Y, además, no soy tan viejo como dices. Nací en el año en que la tierra tembló y los alrededores del lago Kivu se inundaron."

"¡Eso fue hace siglos!" insiste Béatrice.

"Sea como sea," interrumpe Marcel, "basta con que mires a mi alrededor. Soy muchísimo más joven que el líder de la oposición," concluye Marcel, tras lo cual vuelve a su estofado de cabrito.

Semanas más tarde, Marcel y su mujer se mudan a un lujoso *chalet* en lo alto de la montaña con vistas al lago Kivu. Mientras que está en el porche admirando las impresionantes vistas, Marcel recuerda aquellos tiempos en que corría detrás de los cerdos, en la finca de su abuelo. "Donde quiera que esté, mi abuelo estará muy orgulloso de mí," se dice a sí mismo. "¡Este *chalet* es digno de un alcalde!" añade con satisfacción.

Durante las semanas siguientes, Marcel se centra en su campaña política. Presenta su programa electoral en *rallies*, estaciones de radio y programas de televisión. "Empleo, empleo, y más empleo," dice Marcel. "Mi gobierno creará miles de puestos de trabajo, contratando más maestros, enfermeras y policías. También invertiremos en infraestructura. Las grietas y los baches que hay en la carretera de Goma se allanarán. Las acequias y desagües de nuestras calles serán cubiertos. Suministraremos electricidad y agua a todos los hogares. Renovaremos nuestras escuelas primarias y modernizaremos el hospital general, ¡comprando todo el equipo médico de alta tecnología que nuestra gente se merece! También introduciremos subvenciones para viudas y huérfanos, con el fin de ayudar a los más desfavorecidos. ¡Votad por mí! ¡Votad por vuestro futuro!"

Meses más tarde, llega el gran día. Se celebran las elecciones y el Partido de las Juventudes de Bukavu gana con una gran mayoría. ¡El doctor Lokomba alcanza su sueño de ser alcalde de Bukavu!

"Vamos a ponernos manos a la obra cuanto antes," le dice Marcel a Didier, su ayudante. "Por favor, léase estos documentos y prepáreme un informe detallado sobre el estado de las finanzas en nuestra región. Antes de empezar a gastar dinero público, nuestro gobierno ha de tener un presupuesto y ver lo que se puede permitir."

A los pocos días, Didier se acerca a Marcel. "*Monsieur* (señor)," le dice amablemente, "Ya he completado el informe que me pidió."

"Por favor léalo en voz alta," ordena Marcel, con el mismo tono de voz que usaban aquellos sacerdotes belgas para dirigirse a los estudiantes del seminario. Didier procede:

"La mayoría de los habitantes de Bukavu se dedican a la agricultura de subsistencia y al comercio informal. Debido a ésto, es difícil estimar los ingresos de nuestros ciudadanos y todavía más difícil recaudar impuestos de ellos. En cuanto a las empresas de nuestra región, la mayoría son pequeños comercios familiares instalados al borde de la carretera y que no guardan ninguna cuenta. Es difícil estimar cuán rentables sean estos negocios, y resulta casi imposible recaudar impuestos de ellos.

Existe, sin embargo, un gran laboratorio farmacéutico alemán en Bukavu que emplea a más de mil personas e investiga una cura para la malaria. Esta empresa constituye una de las mayores fuentes de ingresos fiscales de nuestro gobierno. El resto de nuestros ingresos fiscales provienen de la Caja de Ahorros de Bukavu y de Bukavu Telecom, otras de las pocas empresas que ofrecen empleo formal en nuestra ciudad.

En cuanto a cómo se emplea nuestro presupuesto actualmente, la gran mayoría de nuestros ingresos se utilizan para pagar los sueldos de los empleados del sector público, incluidos maestros, médicos, enfermeras, policías y funcionarios administrativos. De hecho, después de pagar los sueldos del sector público, nos queda muy poquito dinero para financiar el mantenimiento de escuelas y hospitales, reparar carreteras y pavimentar calles. A esto se debe el lamentable estado de nuestra infraestructura.

Hace unos años, quien entonces era alcalde de Bukavu, pidió un gran préstamo en nombre del gobierno para construir una central hidráulica en el lago Kivu. Su intención era buena: creía que mejorando el acceso a la electricidad facilitaría la actividad empresarial y se crearían muchos puestos de trabajo en la región, ayudando así a mejorar los niveles de vida de nuestro pueblo. Sin embargo, pronto se hizo evidente que el préstamo era demasiado oneroso y que el distrito de Bukavu jamás podría pagarlo. De hecho, nuestro gobierno está al borde de la quiebra. Nuestros gastos son mucho mayores que los ingresos que generamos a partir de la recaudación de impuestos. No tenemos dinero para seguir pagando los sueldos de los funcionarios y mucho menos para invertir en infraestructura," concluye Didier.

De pronto, Marcel se da cuenta de la realidad del problema al que se enfrenta. Coge apresuradamente el informe de Didier y se encierra en su oficina con varias botellas de *Coca Cola*, su bebida favorita. Semanas más tarde, aparece en una conferencia de prensa: "Compatriotas," dice, "cuando regresé del extranjero, tuve un sueño. Soñé con convertir Bukavu en una *petite Genève* (pequeña Ginebra). Pero la situación financiera de nuestro gobierno ha resultado ser mucho más complicada de lo que esperaba. Nuestro presupuesto está muy justo. Vamos a tener que hacer concesiones y priorizar nuestros gastos. Pero con vuestro apoyo, alcanzaremos lo que nos proponemos y seguiremos caminando hacia nuestro sueño."

Unos años más tarde, las políticas de Marcel dan resultado. El gobierno de Bukavu logra saldar su deuda y comienza a controlar el nivel de gasto público de manera sostenible. Ejerciendo prudencia y marcando prioridades, el gobierno logra hacer inversiones en sectores que benefician a muchas personas. Modernizan el hospital general y cubren los desagües de las calles. En cuanto a las grietas y los baches en la carretera de Goma, bueno, la verdad es que todavía quedan algunos desperfectos, pero un grupo de jóvenes voluntarios se está encargando de arreglarlos en su tiempo libre.

Todavía queda mucho por hacer, pero poco a poco, Bukavu se está transformando en un lugar mejor. "La tierra de mis antepasados cada día se parece más a Ginebra" dice Marcel con el pecho lleno de orgullo mientras admira las impresionantes vistas panorámicas desde lo alto de su *chalet*. "Miento. No es verdad. En realidad," dice haciendo una larga pausa. "¡Nada en este mundo puede igualar la belleza de los lagos y las montañas de Bukavu!"

Conceptos Clave:

- Los gobiernos desempeñan un papel importante en la economía. Proporcionan infraestructura y servicios sociales esenciales para los ciudadanos, como son la educación, la sanidad y el transporte públicos, el sistema judicial o la seguridad nacional.

- Para financiar todos estos servicios, los gobiernos dependen de la recaudación de impuestos (ingresos fiscales). Los ingresos fiscales provienen principalmente de los impuestos que se imponen a ciudadanos y empresas. Los gobiernos recaudan impuestos sobre los ingresos de los trabajadores, los beneficios de las empresas, los bienes inmuebles, así como sobre ciertos bienes de consumo, entre otros.

- El nivel y la sostenibilidad del gasto público depende de la cuantía de la recaudación fiscal que cada gobierno es capaz de generar cada año. De esto depende también, la medida en que un gobierno puede proporcionar y mantener su infraestructura pública y extender prestaciones sociales.

- Como la principal fuente de ingresos del gobierno proviene de la recaudación de impuestos, el gasto público se ve afectado por las perspectivas económicas de los hogares y las empresas. Los ingresos públicos se incrementan en períodos de fuerte crecimiento económico y menguan en periodos de crisis.

- Cuando el gasto público supera los ingresos estatales, el gobierno puede endeudarse para financiar la brecha. Pero los gobiernos deben gastar con prudencia y endeudarse únicamente dentro de ciertos parámetros, con el fin de poder seguir apoyando el crecimiento y la estabilidad económica.

- Cuando los gobiernos se endeudan en exceso para financiar el gasto público, a menudo se produce una situación de inestabilidad económica. El endeudamiento público excesivo hace que se disparen las tasas de interés (aumenta el coste de los préstamos), desalentando el nivel de inversión de empresas e individuos y frenando la actividad económica.

14. RIESGO Y RENTABILIDAD: EL ANTROPÓLOGO ITALIANO

Giorgio Ramazzotti es un antropólogo de treinta y siete años de edad que vive en Vinci, un pintoresco pueblo de la Toscana italiana. Giorgio vive en una casa rural con hermosas vistas a un olivar, junto con su esposa, Teresa, y sus dos hijos, Alma y Romeo.

Giorgio se crió en un hogar acomodado en Roma. Su padre, Don Enrico, era el patrón de una fábrica de azulejos, mientras que su madre, Donna Maddalena, era ama de casa. De pequeño, Giorgio tuvo todos los lujos que podría tener un niño, pero siempre se sintió limitado por las cuatro paredes angostas del apartamento familiar. Soñaba con el día en que pudiera vivir más cerca de la naturaleza.

Giorgio estudió antropología en la Universidad de Roma, y tan pronto como se licenció, se trasladó a Vinci, a la aldea más remota que pudo encontrar en las montañas toscanas, lejos de Don Enrico y de Donna Maddalena. Allí, encontró una vieja casa de campo abandonada que reformó y convirtió en su hogar.

Don Enrico y Donna Maddalena se disgustaron mucho por la decisión que había tomado su hijo de irse a vivir al campo y llevar una vida bohemia. "I cavalieri (los caballeros) no tienen el pelo largo como lo tienes tú, Giorgio," lamentó Donna Maddalena. Pero Don Enrico fue un poco más crudo a la hora de expresar su punto de vista: "Los pendientes son para mujeres," le dijo a su hijo despectivamente. Pero nada de lo que Don Enrico y Donna Maddalena pudieran decir hizo que Giorgio cambiara su estilo de vida. Y pronto, sus padres lo aceptaron.

Años más tarde, Giorgio conoció a Teresa, una hermosa farmacéutica convertida en herbolaria que al instante se sintió atraída por todo aquello que a Don Enrico y a Donna Maddalena les disgustaba de su hijo.

Teresa y Giorgio se comprometieron, se mudaron a vivir juntos y no tardaron en traer hijos a la tierra toscana. Durante su ceremonia de compromiso, Giorgio le ofrendó a Teresa dos vacas y diez pollos, los últimos de los cuales habrían de criar muchos polluelos. Teresa aceptó el regalo de muy buen grado, comprendiendo al instante que aquello era una promesa bohemia de amor eterno.

Poco después, la carrera profesional de Giorgio despegó. Algunos de los artículos que escribió en la tranquilidad de su cortijo toscano fueron publicados en revistas de antropología de renombre. Pronto empezó a recibir invitaciones para dar conferencias en Florencia y Milán. Y meses más tarde, firmó un contrato de televisión para presentar una serie en el *Italian History Channel*. Este éxito profesional, combinado con un estilo de vida más que frugal, pronto dieron lugar a que Giorgio acumulara una gran cantidad de ahorros.

"El dinero te quema las manos," le había advertido Don Enrico a Giorgio cuando apenas era un niño. "En la vida, has de usar el dinero, si no quieres que el dinero acabe usándote a ti," agregó. Y como a decir verdad, Giorgio era un hombre un tanto supersticioso, decidió seguir los consejos de su padre y elegir de los dos males el menor. Le daría un uso al dinero.

A la mañana siguiente, Giorgio se presenta en la Caja de Ahorros de Vinci. Agarra un folleto titulado "Ahorros" y se lo enseña a su esposa, Teresa, esa misma tarde. Giorgio se crió bajo las órdenes estrictas de Donna Maddalena, su *Mamma*, y en ausencia de esta figura matriarcal, Teresa habría de convertirse en la cabeza de familia de su hogar.

Tras leer el folleto, Teresa le explica a Giorgio, "el banco te ofrece una serie de planes de ahorro. El tipo de interés que te pagan depende de cuánto tiempo estés dispuesto a bloquear tu dinero. Por ejemplo, si eliges contratar un depósito de un año, el banco te pagará el 2 por ciento anual. En cambio, si optas por un depósito de dos años, obtendrás el 3 por ciento anual. Tiene sentido: cuanto más tiempo estés dispuesto a bloquear tus ahorros, mayor es la rentabilidad que te tiene que ofrecer el banco para compensarte por el hecho de no tener tu dinero a mano."

"¡Qué tipos de interés más ridículos!" se queja Giorgio, "para eso, ni me molesto en bloquear mi dinero. La rentabilidad es tan baja que no me compensa. Prefiero hacer cualquier otra cosa con mis ahorros."

Un día, Giorgio recibe una llamada telefónica de su primo, Benedetto, que vive en Palermo, la capital de Sicilia. Benedetto abandonó los estudios a los dieciséis años y desde entonces, ha tenido una gran variedad de ocupaciones laborales. Empezó trabajando de peón de albañil construyendo casas. Luego, pasó a ser ayudante de cocinero cortando cebollas en una pizzería. Y finalmente, se convirtió en el legítimo conductor de un autobús que transportaba a turistas ingleses de un lado para otro. Pero el sueño de Benedetto siempre fue el de montar su propio negocio, para nunca más en la vida tener que soportar las órdenes de ningún jefe.

"*Ciao* (hola), Giorgio," dice Benedetto animadamente por teléfono, "Necesito pedirte un gran favor. Sabes que la cosa está muy complicada aquí en Sicilia. Los bancos no me prestan dinero, pero tengo una fantástica oportunidad de negocio que podría hacernos millonarios."

Benedetto explica que quiere montar una escuela de equitación a las afueras de Palermo. "A los turistas les encantará descubrir esta región a caballo," añade. Luego explica que ha logrado ahorrar suficiente dinero para arrendar varias hectáreas de terreno y construir los establos de madera donde vivirán los animales. "Pero necesito una ayudita para comprar unos veinte caballos de pura raza árabe," dice Benedetto. "Esas bestias son carísimas, ¿lo sabías?" aclara.

Benedetto siente que Giorgio está indeciso al teléfono y continúa: "Somos primos, ¿no, Giorgio? ¡Yo soy sangre de tu sangre! Si me prestas un poco de dinero, te pagaré un interés del 8 por ciento al año a cambio de tu grandísima generosidad." Al oír esto, Giorgio se siente repentinamente inclinado a prestarle dinero a Benedetto. Le dice que se lo pensará.

"Ten mucho cuidado con tu primo Benedetto," le advierte Donna Maddalena a Giorgio. "Una vez me pidió prestado para montar una *gelateria* (heladería) en Palermo, y ¡no he vuelto a ver ni un céntimo!" añade la madre.

Pero Giorgio no puede dejar de pensar en el tipo de interés del 8 por ciento que le ha prometido su primo. Suena mucho más atractivo que lo que ofrece el banco por sus ahorros. "Saldré de dudas. Le pediré consejo a Teresa," concluye.

Esa misma tarde, Teresa escucha con atención la historia de Giorgio mientras que saborea una deliciosa lasaña muy caliente. Fuera, Romeo y Alma están trepando olivos y tratando de cazar mariposas de colores.

"*Mio caro* (mi amor)," dice Teresa, "el interés del 8 por ciento que te ofrece tu primo Benedetto a cambio de prestarle dinero no es ninguna ganga," aclara. "De hecho, tiene sentido que Benedetto ofrezca pagarte un tipo de interés mucho mayor que el banco. Cuanto mayor es el riesgo de perder dinero, mayor ha de ser la rentabilidad para compensarte por el riesgo que estás tomando." Luego continúa: "Invertir en el negocio de Benedetto es mucho más arriesgado que meter tu dinero en un plazo fijo en el banco. Puedes estar bastante seguro de que el banco guardará tus ahorros con cuidado y te pagará intereses religiosamente. Sin embargo, tratándose de la escuela de equitación de Benedetto, ¿quién sabe lo que pueda suceder? ¿Tendrá éxito el negocio y generará las suficientes ganancias como para saldar el préstamo? ¿Y si resulta que el número de turistas a los que les apetece montar a caballo no es tan alto como anticipaba? ¿Y si algún caballo árabe se lesiona? ¿Y si a Benedetto se le ocurre esfumarse con tu dinero?"

"¡Benedetto jamás me haría eso!" responde Giorgio con firmeza. "Es mi primo, ¡la sangre de mi sangre!"

"Entonces, ¿qué pasó con esa *gelateria* que quería montar?" pregunta Teresa con malicia.

De pronto, Giorgio se sonroja como le suele ocurrir cuando su *Mamma*, Donna Maddalena, lo pilla en algún compromiso. "Teresa, todos cometemos errores de juventud," dice tajantemente.

Fuera, Romeo y Alma siguen cazando mariposas de colores, mientras que el sol se pone sobre la pintoresca Toscana.

Conceptos Clave:

- Los bancos generan beneficios aceptando los ahorros de la gente y usando estos mismos fondos para otorgar préstamos a inviduos y empresas. La diferencia entre el tipo de interés que los bancos cobran por los préstamos y lo que le pagan a los ahorristas por su dinero, representa una de las principales fuentes de beneficios de los bancos.

- Los ahorristas únicamente están dispuestos a depositar dinero en un banco cuando confían en que su dinero estará seguro. Debido a esta cuestión de confianza, los bancos tienen que ejercer prudencia a la hora de decidir a quién le prestan dinero.

- Los bancos cobran tipos de interés más altos en los préstamos realizados a prestatarios de mayor riesgo, para compensar el mayor riesgo asociado con la devolución del dinero.

- A menudo, los bancos rechazan solitudes de préstamos cuando estiman que el perfil de riesgo del prestatario es demasiado alto y que existe un alto riesgo de impago. Esta medida cautelar es necesaria porque las entidades financieras no serían viables sin los depósitos de la gente, y los ahorristas no tardarían en retirar su dinero si tuvieran razones para dudar de la capacidad de gestión de riesgo del banco en cuestión.

15. Ahorro e Inversión: La Dueña de Guarderías de Sri Lanka

Chandrika Udawatta, licenciada en tecnología de veinticuatro años de edad, vive en Kandy, la segunda ciudad más grande de Sri Lanka. Chandrika vive en una espaciosa casa colonial en el centro de la ciudad, junto con su tía, Ruchira, y su padre, Appa.

Chandrika estudió informática en la Universidad de Colombo. Allí, aprendió todo lo habido y por haber acerca de cómo escribir código para programas informáticos. Sin embargo, al poco tiempo de graduarse, se dió cuenta de que la tecnología no era lo suyo. Su vocación era otra: trabajar con niños.

Pero la familia de Chandrika se opuso a la idea de que ésta siguiera su verdadera pasión. "Tienes un futuro brillante por delante. No lo desperdicies," le advirtió su tía Ruchira. "Céntrate en la informática. Todos los jóvenes que se pasean en coches de lujo por Kandy han hecho fortunas con ella," le señala. Pero a Chandrika no le interesan las ideas de su tía. Está decidida a hacer lo que se propone.

Una mañana, la tía Ruchira se encuentra a Chandrika barriendo el patio de la casa con diligencia. "Por fin te dignas a coger una escoba, jovencita. ¡Ya iba siendo hora!" exclama. "Pero ¿por qué estás limpiando con tantas ganas?" pregunta con curiosidad.

"Tita," dice Chandrika con firmeza, "voy a abrir una guardería en este patio."

"¿Una guardería?" repite la tía sin ocultar su sorpresa. "De todas las cosas que se te hubieran podido ocurrir... ¿Y qué demonios piensas hacer con tu diploma en tecnología? ¿Lo vas a utilizar para cambiarle los pañales a los bebés?" pregunta.

Pero Chandrika finge no escuchar a su tía. Cada cual tiene derecho a tener sus propias opiniones, y ella está decidida a alcanzar sus metas. Durante los días siguientes, Chandrika pinta las paredes del patio de colores brillantes y animados. Luego llama a un carpintero para que construya varias habitaciones de madera que servirán como aulas de juego. A la semana siguiente, se dirige al mercado y allí compra una gran variedad de juguetes educativos y varios triciclos para niños.

Poco más tarde, Chandrika cuelga un gran cartel fuera de casa que dice "Inaugración: Primera Guardería *Montessori* de Kandy." Durante las semanas siguientes, empiezan a venir decenas de familias para matricular a sus hijos. "Quiero que mi hijo aprenda inglés desde muy pequeño," dice una madre entusiasmada. "Me gustaría que mi hijo jugara con todos esos juguetes que yo nunca tuve," agrega un padre ilusionado. El número de matrículas sigue aumentando, hasta que unos meses más tarde, la Primera Guardería *Montessori* de Kandy está llena. La guardería tiene ahora más de sesenta niños inscritos y diez chicas que trabajan como cuidadoras.

"Tu ocurrencia de la guardería no ha sido tan mala idea después de todo," admite la tía Ruchira. "Por alguna extraña razón la gente se siente atraída por la palabra *Montessori*," continúa. "Suena muy coqueto. Elegante. Aunque no tengo ni idea de lo que significa."

"Ni yo tampoco," confiesa Chandrika. "Pero lo vi escrito por todas partes cuando visité al tío Roshan en Colombo hace un año. Me dije a mí misma que si el truco hacía efecto en Colombo, también debería de funcionar aquí en Kandy."

Un día, mientras que Chandrika está jugando con los niños en el patio, se le ocurre una idea. Su guardería está completa, y se está viendo obligada a rechazar a muchas familias que quieren inscribir a sus hijos. ¿Y si abriera otra guardería *Montessori*? Echa números y calcula que necesitaría unas 730.000 rupias (el equivalente a 5.000 dólares americanos). Pero, ¿cómo podría conseguir ese dinero? Su negocio genera beneficios, pero tendría que esperar varios años para poder ahorrar una suma tan grande. "O tal vez no," piensa Chandrika. Podría ir al banco y pedir un préstamo.

"¡Ándate con mucho cuidado con los préstamos!" le advierte Appa a su hija cuando se entera de sus planes. "Cuando tú eras sólo un bebé," continúa Appa, "tu madre y yo estuvimos a punto de perder lo poco que teníamos por culpa de un maldito préstamo. Fue hace mucho tiempo. Vivíamos en nuestro pueblo natal, Menikdiwela. Nos dedicábamos a cultivar arroz, y éramos muy pobres. Teníamos poco conocimiento y muchas ansias de superación. Soñábamos con un futuro mejor. Un buen día, a primera hora de la mañana, mientras que tu madre estaba moliendo coco en el patio, un señorito de ciudad se presentó en nuestra aldea. Llevaba una camisa muy replanchada y una corbata. Iba en moto. Dijo que trabajaba para una entidad financiera y nos preguntó si necesitábamos dinero."

"'¿Pero qué clase de pregunta es esa?' le pregunté a aquel señorito con indignación. '¡Por supuesto que necesitamos dinero! Somos pobres campesinos de Menikdiwela, ¡no ministros!'

aclaré. El señorito nos dijo que él nos podía prestar mucho dinero y podríamos ir devolviéndoselo poco a poco. Luego empezó a explicarnos cosas muy complicadas. Tipos de interés, plazos de pago, porcentajes... ¡Dios sabe qué! A tu madre y a mí nos importaba un comino lo que estaba diciendo aquel hombre. Para nuestros adentros, ya estábamos pensando en todo lo que íbamos a hacer con aquel dinero. Nos pidió que usáramos nuestras huellas dactilares para firmar unos documentos que ni siquiera sabíamos leer, y por fin, el amable caballero nos entregó una bolsa rebosante de rupias. ¡Tu madre y yo nunca habíamos visto tantísimas rupias juntas en nuestra vida! Sentimos una felicidad inmensa. Sin duda, fue el momento más bonito de nuestras vidas," dice Appa.

"Lo primero que hicimos fue echarle una capa de cemento a nuestra casa de adobe," continúa. "De esa manera nunca más tendríamos que arreglar los muros de casa durante la estación del monzón, cuando las fuertes lluvias los erosionan. También compramos una vaca para poder vender su leche y ganarnos unas rupias cada semana. Y después de todo esto, todavía nos quedaba algo de dinero así que compramos un televisor en color. ¡Aquel aparato nos propulsó a la fama en el pueblo! Los fines de semana solíamos enchufar la televisión a una batería de coche y la colocábamos en el patio. El pueblo entero se congregaba allí para ver los partidos de *cricket*. Eran tiempos maravillosos. Pero nuestra alegría no duró mucho."

"Unas semanas más tarde," continúa Appa, "aquel señorito de camisa replanchada vino a pedirnos que le pagáramos el primer plazo del préstamo. La cantidad que nos pidió fue tan grande que tuvimos que darle todas las rupias que teníamos en aquel momento guardadas en casa. Y aún así no era suficiente. A la semana siguiente, el señorito volvió a presentarse en nuestra aldea exigiendo más dinero. No teníamos suficiente, y nos dijo que tendríamos que apañarnos para encontrar alguna manera de pagarle o se llevaría nuestro televisor y nuestra vaca. '¡Por Dios, nuestra vaca, no!' gritamos tu madre y yo al unísono, porque aquel animal era nuestra pertenencia más preciada.

Fue entonces cuando a tu madre se le ocurrió una idea. '¿Y si pedimos otro préstamo para pagar éste?' Así que fuimos a ver a otro señorito de camisa replanchada y corbata, y firmamos otro préstamo con nuestras huellas dactilares. Resultó ser el error más grande de nuestras vidas. Poco después, no había uno sino dos señoritos de ciudad acosándonos para que les pagáramos dinero. Cada semana la suma que nos pedían se hacía más grande. Hasta que llegó el día en que comprendimos que nunca en la vida seríamos capaces de saldar nuestras deudas.

Una tarde, unos hombres muy groseros que trabajaban para la entidad financiera irrumpieron en nuestra casa a golpes. Se llevaron todo lo que teníamos: nuestra vaca, nuestra televisión, nuestra radio, nuestra hornilla de gas, nuestra bicicleta, ¡e incluso las joyas de tu madre! Cuando vi a aquellos hombres robando la dote de tu madre, sentí que se me partía el corazón en mil pedazos. Pero la historia no acaba ahí. Esos hombres abominables siguieron acosándonos y robándonos cada rupia que lográbamos ahorrar durante varios largos años por venir. Nuestra vida se convirtió en un verdadero infierno, y maldijimos el día en que pedimos prestada una sola rupia. Tendríamos que habernos conformado con lo que teníamos. En cambio, ¡la ambición nos llevó por mal camino y nos trajo muchas desgracias! Así que escucha a tu padre, hija. No cometas el mismo error que cometimos tu madre y yo. ¡Mantente alejada de los préstamos!"

"Pero Appa," responde Chandrika pacientemente, "mi situación es muy diferente a la tuya. Vosotros erais campesinos pobres pidiendo un préstamo para consumo a tipos de interés exorbitantes. En cambio, yo soy una empresaria pidiendo un préstamo para agrandar mi negocio. Únicamente aceptaré la cantidad de dinero que pueda pagar cómodamente a través de los beneficios de mi guardería. Yo jamás cometería el mismo error que cometisteis vosotros.

Al día siguiente, Chandrika se viste con su mejor sari (vestimenta tradicional de Sri Lanka) y se dirige al banco con una carpeta donde guarda los resultados financieros de su guardería. Le entrega los papeles al director del banco y le explica que le gustaría solicitar un préstamo con el fin de abrir una segunda guardería. El director del banco inspecciona los resultados del negocio y dice: "Su negocio tiene muy buena proyección, señorita. La felicito. Nosotros podemos prestarle la suma de dinero que necesita a un tipo de interés del 15 por ciento anual."

Chandrika regresa a casa y estudia la propuesta del banco. Saca su calculadora y teclea algunos números. "No hay manera de que pueda permitirme pagar un interés tan alto," se dice a sí misma. "Los intereses son tan onerosos que absorberían la totalidad de los beneficios que genera mi negocio, y tardaría años en saldar la deuda. Appa llevaba razón," reflexiona. "Más me vale alejarme de los préstamos y conformarme con lo que tengo."

A los pocos años, Chandrika consigue ahorrar el dinero suficiente para abrir una segunda guardería *Montessori* en Kandy. La nueva guardería es un éxito instantáneo, y las matrículas se agotan rápidamente. El negocio prospera, y cada vez empieza a generar más efectivo. "Tal vez ahora que mi negocio es más grande," piensa Chandrika, "pueda permitirme un préstamo para abrir ¡una tercera guardería *Montessori*!"

Chandrika se dirige al banco y saluda al director, que la reconoce al instante. "Podemos prestarle la suma que necesita a un tipo de interés del 6 por ciento," dice el director.

A Chandrika le complace mucho escuchar que el costo de los préstamos se ha vuelto más barato. Teclea unos números en su calculadora. "Estaré encantada de aceptar su propuesta, señor," responde. "Mi negocio ahora es más grande y genera mayores beneficios. La carga de la deuda no será tan alta esta vez. Calculo que podré saldar el préstamo en un par de años."

Y así es como tan sólo unos cuantos años después de graduarse de la universidad con un diploma en tecnología, Chandrika es la feliz propietaria de tres guarderías *Montessori* en Kandy. En la actualidad, le da trabajo a más de cuarenta cuidadoras, y éstas, a su vez, le enseñan a un montón de niños a pronunciar palabros complicados en inglés.

"Al final tu título de informática ha resultado ser útil para cambiarle los pañales a los críos," dice la tía Ruchira. "Esa ocurrencia tuya de *Montessori* no era tan mala idea como pensaba, después de todo."

Conceptos Clave:

- Tanto los hogares, como las empresas y los gobiernos llevan a cabo actividades de inversión. Las familias a menudo invierten en la compra de una vivienda. Las empresas invierten para ampliar sus instalaciones de producción. En cuanto a los gobiernos, a menudo invierten en infraestructura. Pero, ¿cómo se financian las inversiones?

- Las inversiones se suelen financiar a través de los ingresos y los ahorros de quien quiere llevarlas a cabo. Pero cuando esto no es suficiente, los inversores a menudo acuden a fuentes externas de financiación. De hecho, muchas de las grandes inversiones están financiadas con préstamos de bancos y otras instituciones financieras.

- La mayor parte de los fondos disponibles en la economía para hacer préstamos proviene de los ahorros de la gente y de las empresas. Cuanto mayor sea la cultura de ahorro en hogares y empresas, y siempre que el gobierno gaste dentro de sus posibilidades, mayor será la disponibilidad de dinero para inversiones, y el costo de los préstamos (los tipos de interés) será más bajo.

- Los tipos de interés bajos permiten que individuos y empresas puedan financiar un mayor número de proyectos, fomentando así la actividad económica.

- Los tipos de interés difieren por países, y varían a lo largo del tiempo, a medida que cambian los hábitos de ahorro de la gente y la demanda de capital. Los tipos de interés suelen ser altos (o estar al alza) cuando la demanda de inversión supera la cantidad de ahorros disponibles en la economía. Por otro lado, los tipos de interés suelen ser bajos (o bajar) cuando existe una cantidad de ahorros suficiente en relación con el nivel de demanda de capital para inversiones.

16. CONTABILIDAD FINANCIERA: EL APRENDIZ DE PANADERO IRANÍ

Mohsen Ansari es un aprendiz de panadero de dieciséis años de edad, proveniente de Isfahán, una hermosa ciudad en el corazón de Irán. Mohsen trabaja en la panadería de su tío y se pasa los días aprendiendo a hacer *naan* (un tipo de pan plano iraní). La panadería del tío Reza es una de las más conocidas del bazar. Cada mañana, cientos de hombres y mujeres hacen cola para comprar su delicioso pan. Por la noche, el tío le enseña a Mohsen cómo llevar las cuentas de la panadería.

"Llevar las cuentas al día," le dice el tito Reza a su sobrino, "es tan importante para el bienestar de nuestro negocio como hacer buen pan. Sé de muchos comercios en este bazar que tenían mucha clientela pero se fueron a pique por estar mal administrados financieramente."

"Actualizando las cuentas con regularidad y analizándolas detalladamente," explica el tío Reza, "podemos saber con qué nivel de eficiencia estamos gestionando la panadería. Cuando surge algún problema, las cuentas nos dicen de dónde sale. Cuando hay que tomar alguna decisión importante, las cuentas nos ayudan a evitar errores costosos. En resumen, estas cuentas nos sirven para planificar el futuro con prudencia y poder seguir dedicándonos a lo que más nos gusta... ¡hornear *naan*!"

Cada tarde, el tío Reza se sienta con su sobrino Mohsen y le enseña un gran cuaderno donde anota los resultados del negocio. "Como no tengo hijos varones," le dice el tío a Mohsen, "un día serás tú quien herede esta panadería. Así que escucha atentamente lo que digo. Voy a explicarte cómo funciona la Cuenta de Pérdidas y Ganancias. Se trata de una de las cuentas financieras más importantes que toda empresa debería crear."

El tío Reza abre cuidadosamente su enorme cuaderno y empieza a hablar:

Ventas: Las ventas representan todo el dinero que ingresamos en caja cada mes. Se calculan multiplicando el número de panes que vendemos por el precio de cada unidad. Nuestros ingresos aumentan cuando vendemos más pan o cuando subimos los precios. Las ventas pueden ser estacionales. Por ejemplo, durante el mes del Ramadán (mes de ayuno musulmán), nuestras ventas suelen reducirse a la mitad porque muy pocos clientes compran pan durante el día. Sin embargo, cuando acaba el Ramadán y llega el momento de celebrar el *Eid*, solemos triplicar las ventas, porque la gente compra mucho pan para festejar en familia.

Costo de Ingredientes: Este es el costo de las materias primas que necesitamos para producir el *naan* que vendemos. Incluye el costo de todos los ingredientes que utilizamos, como la harina, la levadura, la sal, y el yogur. El año pasado, los productores de trigo tuvieron una mala cosecha, y debido a esto, el costo de la harina se encareció un 40 por ciento. Nos vimos obligados a subir los precios y nuestros clientes se disgustaron mucho. Pero les explicamos que la harina se había encarecido y que si no subíamos el precio del pan, nuestra panadería entraría en pérdidas. Lo entendieron.

Gastos Operativos: Aparte del costo de los ingredientes, nuestro negocio también incurre en varios gastos de funcionamiento cada mes. Por ejemplo, tenemos que pagarle a nuestros trabajadores, pagar el alquiler del local, y también comprar leña para el horno. Nuestros gastos varían de un mes a otro, y esto tiene repercusiones sobre el nivel de beneficios de la panadería. El año pasado, durante las fiestas del *Eid*, le dí a todos mis empleados una paga extra. Eso hizo que nuestras ganancias fueran inferiores a las de otros meses, pero valió la pena. ¡Tendrías que haber visto lo contentos que se pusieron los trabajadores!

Reembolso de Préstamos: Algunos comercios se endeudan para costear algún equipo caro, o simplemente crecer más rapido. Piden dinero prestado y lo van devolviendo a plazos. El reembolso de los préstamos reduce la cantidad de dinero que genera el negocio. Hay veces en que el préstamo es demasiado grande en relación al tamaño del negocio, y esto puede acarrear muchos problemas. Pero el tío Reza nunca toma dinero prestado. Es una cuestión de principios. Así que no tenemos que preocuparnos por esta entrada.

Impuestos: Una vez al año, todas las tiendas del bazar tienen que pagar un impuesto municipal a la alcaldía de Isfahan. Este impuesto nos otorga el derecho de utilizar el bazar. La alcaldía usa el dinero que recauda para ocuparse de la limpieza, la iluminación y la seguridad de las instalaciones del mercado.

Resultado neto: Una vez que le restamos todos los gastos a la cifra de ventas, obtenemos el beneficio neto del negocio. Esto representa la ganancia final que generamos vendiendo pan, una vez descontados todos los gastos incurridos en el proceso.

Mohsen parece satisfecho con las explicaciones de su tío, pero le surge una duda. "Y al final de todo, tío, ¿qué haces con las ganancias de la panadería?" pregunta con mucha curiosidad. "¿Lo guardas todo en casa, escondido debajo de alguna alfombra?"

"No, Mohsen," responde el tío Reza suavemente, "Normalmente divido las ganancias en tres partes iguales," dice. "Un tercio siempre lo reinvierto en la panadería. Es muy importante que los negocios mantengan un buen nivel de tesorería. Puede ser necesario para comprar ingredientes al por mayor, dar un anticipo en el alquiler del local, o ocuparse de cualquier imprevisto que pudiera surgir," explica el tío.

"Otro tercio de las ganancias lo guardo para ocuparme de las necesidades de mi familia, como es pagar el colegio de mis hijas e ir de viaje a mi pueblo una vez al año," añade.

"Y ¿qué haces con el resto de los beneficios, tío?" pregunta Mohsen con impaciencia.

"En cuanto al otro tercio de las ganancias," dice Reza, "se las dedico al *zakat* (limosna en la tradición islámica), para ayudar a las personas desfavorecidas, como huérfanos y viudas."

"Qué gesto más generoso," responde Mohsen. "Pero yo de mayor me temo que no quiero ser panadero," confiesa. "Quiero abrir mi propia tienda de recuerdos en el bazar. Hoy día hay muchos turistas en Isfahán y me gustaría venderles cosas que se lleven a casa," dice Mohsen.

"Eso suena muy bien," responde el tío Reza. "Lo bueno es que todos los negocios funcionan de forma parecida. Así que podrás aplicar los principios que aprendas en la panadería a tu tienda de recuerdos," dice. "Pero pongámonos manos a la obra. Mete más pan en el horno. Veo que llegan más clientes."

Conceptos Clave:

▪ Llevar las cuentas financieras al día y con precisión es una parte esencial de la gestión de un negocio. La disponibilidad de información financiera fiable facilita la toma de decisiones empresariales.

▪ Los resultados financieros proporcionan una medida transparente de cómo va el negocio. Proporcionan una base objetiva para evaluar la rentabilidad de la empresa, identificar las áreas de bajo rendimiento, y faciliar la planificación financiera.

17. Principios de Ciudadanía: El Bailarín de Salsa Cubano

Yamil Flores, de veintiséis años de edad, es un bailarín de salsa de Santiago de Cuba, una hermosa ciudad en el oriente de la isla. Yamil vive con don Eliades, su abuelo de setenta y tres años de edad, en una encantadora casa colonial en pleno centro de Santiago.

Yamil estudió ingeniería civil en la Universidad de Santiago. Nada más graduarse, consiguió trabajo de ingeniero en una empresa estatal. Pero dimitió después de sólo tres meses en el puesto, cuando su amigo, Ibrahim, le hizo ver que podría ganar cinco veces más dinero enseñándole a bailar salsa a los turistas.

Don Eliades, el abuelo de Yamil, se disgustó mucho cuando se enteró del drástico cambio de profesión de su nieto. "Carajo," dijo, "¡Yo no te crié para que te convirtieras en un bailarín callejero!" Yamil trató de tranquilizar al anciano.

"Viejo," le dijo, "Dios bendijo a cada persona con un talento diferente. Los cantantes viven de su voz. Los mecánicos de sus manos. Y otras personas, como servidor, ¡viven de sus cuerpos! No hay que avergonzarse de ello. Debemos de estarle agradecidos al Creador por lo que nos dió." Pero don Eliades no se conformó con los argumentos de su nieto.

Un día, Yamil regresa a casa después de varias horas bailando salsa. Encuentra a don Eliades en su posición habitual: sentado en una silla de mimbre en la puerta de la casa, disfrutando del fresquito de la tarde. "Acércate, joven," le ordena don Eliades. "¿Qué escondes en el bolsillo? ¿No será un teléfono móvil?" pregunta. "¡Diablos!" exclama el viejo, "¿de dónde demonios sacaste los pesos para comprarte ese horrible aparto de tecnología?"

Yamil comienza a tartamudear. "Me…me lo encontré en la playa, Viejo," responde. "Debió de caérsele a algún turista despistado," añade.

"¡Mentiroso!" dice Eliades a voz en grito, mientras que se quita una de sus sandalias para golpear a su nieto. "¡Ese teléfono no es tuyo! Debes de regresárselo a su legítimo dueño," ordena.

"Pero te estoy diciendo que no tiene dueño," insiste Yamil.

La voz del viejo se vuelve autoritaria. "Todo en esta vida tiene un dueño, Yamil. Al igual que las flores pertenecen al monte y el amor de Juanita pertenece a Chan Chan," dice refiriéndose a una pareja de vecinos recién casados, "de esa misma manera, ese teléfono móvil le pertenece a alguien. No es tuyo. Debes devolvérselo a su dueño."

"Pero Viejo," confiesa Yamil, "necesito este teléfono. Pasearse por Santiago hoy día sin móvil es como aparecer en el Parlamento sin guayabera (camisa tradicional de lino). Es una necesidad imprescindible."

"¿Qué diablos sabes tú de necesidades imprescindibles?" interrumpe el viejo muy enojado. "¿Acaso alguna vez careciste de alguna necesidad básica en la vida?" pregunta. "Nuestro gobierno proporciona alimentos y cubre las necesidades básicas de todos sus ciudadanos. El problema es que los jóvenes de hoy en día son gente ingrata. Lo dan todo por hecho. ¡Carecen de principios! Es más, si me apuras, me atrevo a decir que nuestra juventud ¡vendería la patria por un par de *jeans* si se les presentara la ocasión!"

"Obedece a tu abuelo," dice Eliades. "Regrésale ese teléfono a su legítimo dueño. Es una cuestión de principios cívicos." Al oír esto, a Yamil se le escapa una risita.

"¿Principios de qué?" pregunta.

"Principios cívicos," repite don Eliades. "Cuando yo era mozo, en la escuela, nos enseñaban a considerar el impacto de nuestras acciones sobre el prójimo, a obrar con solidaridad y a tomar iniciativas para construir un mundo mejor. Al cumplir los veintiún años, por ejemplo, participé en un programa de voluntariado juvenil patrocinado por el estado. El objetivo era acercar a los estudiantes universitarios al campo. Allí, enseñamos a leer y a escribir a campesinos analfabetos. En aquel entonces, todos creíamos en un futuro mejor para Cuba, donde la miseria y la ignorancia fueran para siempre erradicadas. Pero dime, hijo mío, haz memoria. En tu vida diaria, ¿con qué frecuencia aportas algo positivo a la sociedad?" pregunta don Eliades.

"Ay, Viejo," responde Yamil, "en cuanto a acciones cívicas se refiere, te juro que soy de lo mejorcito que hay en el barrio. Si no me crees, pregúntale a mi amigo Ibrahim. Él incluso me llama Madre Teresa, tamaña es mi generosidad y mi buena voluntad. El otro día, por ejemplo, figúrate que me encontré con una turista recién aterrizada en Santiago. La avisté en un bar, solita, tratando de contornearse al ritmo de nuestra música sabrosa. Pero era tan torpe que sentí lástima por ella. Así que me acerqué, tomé el control de la situación, y al acabar la noche, ¡bailaba como una estrella de televisión! ¿Acaso no es eso una aportación a la sociedad, Viejo?"

"¡Ya toleré suficientes tonterías!" dijo tajantemente don Eliades, tras lo cual se retiró a su habitación para echarse una siestecita.

Horas más tarde, mientras que Eliades está sentado en su balcón mirando a los transeúntes, escucha la voz de su nieto. "Quiero presentarte a alguien, Viejo," grita Yamil. Don Eliades presiente que algo interesante está a punto de suceder. Se peina rápidamente el cabello y se echa un poco de perfume. Luego, se viste con su mejor guayabera y una boina en la cabeza, de esas que se llevaban antiguamente, cuando era mozo.

"Te presento a la señora Celia," dice Yamil mientras señala a una dama de unos setenta años de edad, engalanada con su mejor ropa de domingo. "Me preguntó cómo llegar a la catedral, y al verla un poco cansada, la convidé a nuestra casa para tomarse un cafelito bien rico. Ahora, dime, Viejo, ¿acaso no es ésto una aportación a la sociedad?" pregunta Yamil.

Pero don Eliades ya no tiene tiempo para las bromas de su nieto. Sus ojos se han quedado pegados a la recién llegada. "Mi señora," dice don Eliades muy cortés, "permítame decirle que se ve usted tan hermosa como Omara Portuondo cuando comenzó a cantar boleros en los años cincuenta."

"Ya lo sé," dice la dama pestañeando de forma muy coqueta. "No es usted el primer galán que me lo dice." Don Eliades invita a la señora Celia a sentarse en una silla de mimbre junto a él y le sirve una tacita de café recién molido. Mientras la dama está saboreando el café, Don Eliades arrima a Yamil a una esquina.

"Hijo mío," le dice en voz baja, "lo que acabas de hacer puede que no sea una aportación a la sociedad, pero sin duda alguna ¡es un acto de generosidad para conmigo!"

"Pensé que ya es hora de que te animes. Llevas solo muchos años, Viejo," explica Yamil, tras lo cual abandona el salón para dejar que la pareja de ancianos converse a sus anchas.

Conceptos Clave:

- Los principios cívicos pueden tener un impacto significativo en el nivel de vida de los ciudadanos. Al fomentar la armonía y el orden social, los valores cívicos contribuyen a crear un ambiente de cooperación y cohesión social.

- Para fomentar el ejercicio de los valores cívicos, los individuos deben tener en cuenta el impacto que tienen sus acciones sobre los demás miembros de la sociedad. Igualmente, las oportunidades de cooperación social (como el trabajo voluntario) pueden apoyar la prestación de servicios que aportan valor a la sociedad.

SOBRE LA AUTORA

Elena Fernández Prados nació en España, donde cursó sus estudios en el Liceo Francés de Murcia. Es licenciada en Economía y Relaciones Internacionales por la Universidad de Brown (EE.UU.). Empezó su carrera trabajando como analista financiera en Morgan Stanley (Londres), tras lo cual ejerció el puesto de gestora de carteras y directora de inversiones en Standard Life Investments (Edimburgo). En la actualidad, trabaja como consultora y vive en Londres.

Made in the USA
Monee, IL
16 November 2022

17906997R00050